ČEŠI
A NĚMCI
věční sousedé

TSCHECHEN
UND DEUTSCHE
ewige Nachbarn

ČEŠI
A NĚMCI
věční sousedé

TSCHECHEN
UND DEUTSCHE
ewige Nachbarn

NADACE BERNARDA BOLZANA
ACKERMANN-GEMEINDE
HANNS SEIDEL STIFTUNG

ISBN 80-901533-0-5

Úvod

Mezinárodní seminář na téma Němci a Češi – sousedé ve střední Evropě měl jednací jazyky češtinu a němčinu. Navíc někteří účastníci používali střídavě oba jazyky. Z technických důvodů nebylo tedy možné řadit jednotlivé příspěvky pouze chronologicky. Publikace proto obsahuje čtyři části – první je originální vystoupení účastníků v češtině, druhá část zachycuje předchozí vystoupení přeložená do němčiny, třetí část se skládá z originálních německých vystoupení a ve čtvrté části následuje jejich překlad do češtiny. U jednotlivých příspěvků jsou uvedena pouze jména jejich autorů, více o nich přináší obsah v závěru publikace.

Na úvod publikace jsme zařadili krátká seznámení s pořádajícími institucemi – Ackermann Gemeinde, Nadací Bernarda Bolzana a Hanns Seidel Stiftung.

Einleitung

Das internationale Seminar zum Thema „Deutsche und Tschechen –
Nachbarn in Mitteleuropa" hatte Tschechisch und Deutsch als
Verhandlungssprachen. Darüber hinaus gebrauchten einige Teilneh-
mer abwechselnd beide Sprachen. Aus technischen Gründen war es
nicht möglich, die einzelnen Beiträge chronologisch zu ordnen. Dieser
Band enthält deshalb vier Teile: die Originalreden der tschechischen
Teilnehmer im ersten und die deutsche Übersetzung im zweiten Teil. Der
dritte Teil besteht aus den deutschen Originalbeiträgen, denen im
vierten Teil die Übersetzung ins Tschechische folgt. Bei den einzelnen
Beiträgen sind nur die Namen der Autoren angeführt, mehr über die
Personen finden Sie im Anhang der Publikation.

Einleitend werden die veranstaltenden Institutionen, die Ackermann–
Gemeinde, die Stiftung Bernard Bolzano und die Hanns–Seidel–Stif-
tung, kurz vorgestellt.

Ackermann–Gemeinde

Ackermann–Gemeinde je katolické sdružení vzniklé roku 1946 z kruhu sudetoněmeckých vyhnanců, kteří svůj původ z Čech, Moravy a Slezska chápali jako závazek pro své působení v církvi, národě, státě a společnosti. AG si svoje označení zvolili podle hrdiny středověkého díla Der Ackermann aus Böhmen (Oráč z Čech) od Jana z Žatce. Ackermannovi zemřela jeho mladá žena a on zůstává s malými dětmi sám. Tento osud je předmětem ostré pře mezi ním a smrtí. Nakonec do dialogu zasahuje Bůh a Ackermann přijímá osud z rukou Božích a utváří jej.

Od svého založení se Ackermann–Gemeinde zasazovala o:
– lidská práva a demokracii,
– zabezpečení práv etnických skupin a práva na sebeurčení národů,
– zachování práv sudetských Němců a pěstování jejich kulturního dědictví,
– zdárný vývoj německo–českých sousedských vztahů.

To bude programem její činnosti i nadále. Dnes jsou už bez jakéhokoli omezení možná setkání a dialog s cílem vyrovnávat se se zátěží minulosti, korigovat po desítky let šířené dezinformace a hledat nový začátek. Ackermann–Gemeinde chce nových šancí zdárné spolupráce s českým národem využít k tomu, aby se dospělo k přátelskému sousedství. Vyzývá všechny stejně smýšlející, obzvláště mladou generaci, k účasti na společném díle.

Ackermann–Gemeinde cítí spoluodpovědnost za uchovávání a předávání společné kultury českých zemí. Proto nabízí svou pomoc a aktivní součinnost při výstavbě země tak těžce poškozené vyhnáním, zhoubným komunistickým hospodářstvím a ekologickou devastací. Podporuje obnovu a stabilizaci demokracie v duchu svobody i nové formy duchovního, kulturního a náboženského života. Je proto připravena spolupracovat se všemi skupinami a silami, které pomáhají budovat z České republiky svobodný, demokratický a sociální právní stát, dávají svou podporu německé menšině a chtějí německo–české vztahy rozvíjet na základě pravdivosti a spolehlivosti. Tak chce Ackermann–Gemeinde v budoucnu ještě účinněji plnit svou úlohu mostu.

Ackermann–Gemeinde se ráda podílela spolu s Nadací Bernarda Bolzana na organizaci a uskutečnění konference mapující existenci německé menšiny na území Československa od roku 1948 do dnešních dnů. Pod názvem „Zamlčená národnost" tato akce s velkým zdarem proběhla v dubnu 1992 v Jihlavě.

Podobně se Ackermann–Gemeinde spolupodílela na odborném semináři analyzujícím současné vztahy Němců a Čechů, jenž proběhl v listopadu 1992 v Liberci za spolupráce Nadace Bernarda Bolzana a Nadace Hannse Seidla.

Němci a Češi stojí dnes na počátku nové epochy vzájemných vztahů. Věříme společně, že slibují světlou budoucnost.

P. ANTON OTTE
pražský reprezentant AG

Nadace Bernarda Bolzana

Nadace Bernarda Bolzana se ustavila na jaře roku 1991 jako mezinárodní instituce podporující především mírový proces sbližování států a národů ve střední Evropě. Jako společný česko– německo–rakouský projekt se soustřeďuje především na spolupráci a všestranné zintenzívnění vztahů mezi Českou republikou a sousedícími Spolkovou republikou Německo a Rakouskem.

Stálou a prioritní pozornost Nadace věnuje rovněž existenci německé menšiny na území Čech, Moravy a Slezska. Ve všech svých aktivitách Nadace zdůrazňuje občanský princip a zásadu porozumění mezi lidmi různých národností i národnostních skupin. Také proto zcela záměrně přijala jméno velkého myslitele a filozofa, pražského rodáka Bernarda Bolzana, vlastence, který sám sebe prohlašoval za Čecha německého jazyka. Nadace vychází z plodných tradic společné minulosti Čechů, Němců, Rakušanů, ale také Židů, Poláků, Maďarů a Slováků v prostoru střední Evropy. Vedle toho, že je Nadace vydavatelem týdeníku Prager Zeitung, pořádá konference a semináře, autorská čtení, koncerty a další akce přispívající k poznání a pochopení minulosti i současnosti ve prospěch lepší budoucnosti.

Nadace Bernarda Bolzana v roce 1992 uspořádala mimo jiné konferenci pod názvem Zamlčená národnost, která se v dubnu konala v Jihlavě. Poprvé se podrobně analyzovala situace německé menšiny na území nynější České republiky se všemi kulturními, historickými i politickými souvislostmi.

Přes rozdílnost některých názorů, přes rozličné životní zkušenosti Němců, kteří zůstali v republice a těch, kteří z ní museli odejít a pochopitelně přes zase jiné zkušenosti Čechů či jen zdánlivě nestranných Rakušanů, dospěla konference v Jihlavě jednoznačně k společnému závěru, v němž se všichni účastníci vyslovili pro trvalý a tolerantní dialog, pro stálou komunikaci.

Už jednání konference mělo značný ohlas, který se pak vlastně v ještě větší míře projevil koncem roku 1992, kdy Nadace Bernarda Bolzana vydala publikaci pod názvem Češi a Němci – nová naděje? Na důsledně dvojjazyčné publikaci se podílela mnichovská Ackermann Gemeinde, která byla rovněž cenným spolupořadatelem jihlavské konference. Uvedená publikace obsahovala nejzajímavější příspěvky z Jihlavy a navíc k ní historik dr. F. Loužil napsal zasvěcenou studii o komplexu česko–německého soužití v průběhu uplynulých sedmi století.

Ve spolupráci s pražskou kanceláří Hanns Seidel Stiftung a opět s Ackerman Gemeinde pak Nadace Bernarda Bolzana v listopadu 1992 v Liberci uspořádala odborný seminář pod názvem Češi a Němci – sousedi ve střední Evropě. Seminář byl rozdělen do tří diskusních panelů, které se však pochopitelně mnohostranně prorůstaly a doplňovaly. První panel byl věnován obecnějšímu pohledu na vztah Němců a Čechů, druhý panel se soustředil na stále problémové téma vztahu Čechů a sudetských Němců a konečně třetí panel obsahoval konkrétní příspěvky týkající se regionální spolupráce České republiky se sousedními spolkovými státy Bavorsko a Sasko.

A právě výběr z některých vystoupení v Liberci je obsahem této publikace vydávané pod symbolickým názvem – Češi a Němci – věční sousedé. Až na výjimky byly příspěvky volně diskutované a jejich knižní podoba vznikla přepsáním z magnetofonového záznamu, takže si logicky nečiní nárok na výrazovou pregnantnost psaného projevu. Jsme však přesvědčeni, že svou stálou aktuálností si zaslouží, aby se s nimi seznámil větší okruh veřejnosti. Navíc Nadace Bernarda Bolzana tak navazuje na svůj první titul a rádi bychom postupně vytvořili ucelenou ediční řadu knih věnovaných všestranně problematice soužití českého a německého národa a jejich osudům v prostoru střední Evropy.

Ve všech těchto usilováních se hodláme i nadále řídit především vyznáním muže, jehož jméno Nadace nese. Bernard Bolzano už před sto osmdesáti lety řekl, že „svobodné pohybování ducha jest největší lidskou ctností."

Dr. PETR PROUZA
jednatel Nadace B. B.

Nadace Hannse Seidela

Nadace Hannse Seidela byla založena roku 1967 v Mnichově a své jméno obdržela po dr. Hannsi Seidelovi, bývalém předsedovi bavorské zemské vlády. Za svůj úkol si nadace vytyčila podporu společensko–politické vzdělávací práce na bázi základních hodnot naší západní křesťanské tradice doma i v zahraničí, posilování demokracie a aktivní pomoc při rozvíjení přátelské spolupráce mezi národy. Při realizování těchto cílů v 70 zemích světa jsou partnerskými organizacemi politické, či kulturní nadace a ostatní obecně prospěšná sdružení, navíc univerzity, jakož i další vědecké instituce.

Politické vzdělávání si klade za úkol připravit občana, aby politickou svobodu pojímal v rozsahu mezi přáním a ohledy a jako takovou aby ji bránil. V tomto smyslu se Nadace Hannse Seidela svou prací v seminářích a na konferencích, jakož i svou publikační činností snaží také podporovat úctu k této svobodě. Cílem je odpovědný a kritický občan, který své politické jednání zakládá na neopominutelných historických a kulturních souvislostech a na uznávání lidské důstojnosti, svobody a práva na domov pro všechny. Tak, jako Hanns Seidel, jehož jméno nadace nese, při své politické činnosti stále vystupoval proti veškerému vypočítavému poručníkování člověka ze strany kolektivistických ideologií, tak je také snahou nadace samé, posílit svou prací autonomii občana vůči takovýmto tendencím.

Aby mohla Nadace Hannse Seidela tyto stanovené úkoly řešit, disponuje různými institucemi. Akademie pro politiku a soudobé dění se snaží občana vybavit těmi vědomostmi, které potřebuje při přejímání veřejné odpovědnosti. Navíc tato Akademie podporuje za účelem včasného rozpoznávání nových vývojových tendencí ve společnosti a politice také intenzívní základní výzkum, který je doplňován zpracováváním problémových okruhů, jimž ve svobodném demokratickém právním státě náleží mimořádný význam.

Vzdělávací projekt nadace usiluje svými výchovnými akcemi dále o prohloubení křesťansko–konzervativního hodnotového systému ve vědomí občanů. K jeho úkolům patří rovněž i snaha o zviditelnění politických souvislostí hospodářského a sociálního života. Zatímco Ústav pro zahraniční styky udržuje v celosvětovém měřítku kontakty s ideologicky spřízněnými stranami a rozvíjí s nimi stálou výměnu zkušeností a informací, podporuje Ústav pro mezinárodní spolupráci ve všech zemích, které si to přejí, projekty v oblasti správní pomoci, managerského výcviku a profesní přípravy, ale rovněž i úkoly společensko–politického vzdělávání dospělých, rozvoje infrastruktury a pomoci odborové práci. Podpůrný fond Nadace Hannse Seidela poskytuje dále pomoc německým a zahraničním postgraduálním studentům, především však i novinářskému dorostu.

V koncepci rozvojové politiky Nadace Hannse Seidela se posílení sociálních faktorů přikládá stejný význam jako podpoře společensko–politických struktur. To znamená: zlepšení, posílení a využití lidské kapacity při současném respektování sociálních, politických, kulturních a hospodářských rámcových podmínek dané země. Mobilizování obecného demokratického vědomí při současném zachovávání nosných tradic patří vůbec k základním postulátům rozvojové spolupráce Nadace Hannse Seidela. Všechny projekty jsou navrženy tak, aby mohly být danou zemí, či partnerskou organizací této země posléze převzaty a dále rozvíjeny. Podnícení svépomoci a vlastní iniciativy je pak dalším postulátem nadace a úkolem do budoucnosti.

Bezprostředně po zahájení procesu reforem v dříve komunistických zemích střední a východní Evropy v roce 1989 se Nadace Hannse Seidela intenzívně snažila o rozvoj a upevnění partnerských kontaktů s těmito zeměmi. Hlavním cílem byla v tomto případě podpora snah těchto zemí o vybudování a posílení vlastních demokratických a tržních struktur. Navíc je nyní, po pádu železné opony nutné rychle a pružně řešit řadu problémů, které se dotýkají zároveň obou stran.

V Československu, které se rozloučilo s komunizmem o něco později než Maďarsko a Polsko, je Nadace Hannse Seidela zastoupena od roku 1990 kanceláři v Praze a v Bratislavě a od této doby zde podporuje množství různých vzdělávacích akcí svých českých a slovenských partnerských organizací ve všech otázkách demokracie a sociálního tržního hospodářství. Na tomto místě lze Československu vyslovit uznání, že obě republiky svou politiku reforem uskutečňují s mimořádným odhodláním a podle úsudků zahraničních podnikatelů je současná úroveň Československa pouze o málo pozadu za Maďarskem, a tím předčí všechny ostatní země východní Evropy a bývalého Sovětského svazu.

12

V preambuli nové Československo–německé státní smlouvy je vyjádřen úmysl navázat ve vzájemných vztazích na plodné tradice mnoha staletí společných dějin, a to jako sousedé ve střední Evropě, s vědomím společné odpovědnosti za budování nové Evropy. Přitom se ovšem ukazuje, že není jednoduché vybudovat sousedskou spolupráci na základě tisíciletého společného života ve střední Evropě se všemi jeho zvláštními kulturními a hospodářskými souvislostmi, když vzájemné bezpráví, učiněné oběma stranami, zanechalo společensko–psychologické následky, které musejí být teprve překonány.

Na základě této zkušenosti podporuje zdejší zastoupení Nadace Hannse Seidela s důrazem ty aktivity svých partnerů, které mohou prostřednictvím přímých setkání příslušníků obou národů přispět podstatnou měrou k trvalému posílení vzájemné důvěry a přátelské spolupráce ve sjednocené Evropě. V tomto smyslu Nadace Hannse Seidela také ráda vyhověla pozvání Nadace Bernarda Bolzana z Prahy a Ackermannovy obce z Mnichova, napomoci při uspořádání tohoto mezinárodního semináře na téma Němci a Češi – sousedé ve střední Evropě, který se konal od 18. do 20. listopadu 1992 v Liberci. O jeho náplni, přispívající ke vzájemnému smíření a vytyčující cestu do budoucnosti, chce tato dokumentace podat svědectví.

Dr. ERHARD ZURAWKA
Delegát Nadace Hannse Seidela
pro Českou republiku a pro Slovenskou republiku

Ackermann–Gemeinde

Die Ackermann–Gemeinde ist eine katholische Vereinigung, die im Jahre 1946 aus einem Kreis von sudetendeutschen Vertriebenen entstand, die ihre Herkunft aus Böhmen, Mähren und Schlesien als Verpflichtung für ihr Wirken in Kirche, Volk, Staat und Gesellschaft verstanden.

Die AG hat ihren Namen nach dem Helden des mittelalterlichen Werkes „Der Ackermann aus Böhmen" (Oráč z Čech) von Johann von Saaz (Žatec) gewählt. Nach dem Tod seiner jungen Frau bleibt der Ackermann mit seinen Kindern allein. Dieses Schicksal ist Gegenstand der Auseinandersetzung zwischen ihm und dem Tod. Schließlich greift Gott in den Dialog ein, und Ackermann empfängt sein Schicksal aus Gottes Händen und gestaltet es.

Seit ihrer Gründung ist die Ackermann–Gemeinde
– den Menschenrechten und der Demokratie,
– der Sicherung der Rechte von ethnischen Gruppen und des Selbstbestimmungsrechts der Völker,
– dem Schutz der Rechte der Sudetendeutschen, der Pflege ihres Kulturerbes und
– der erfolgreichen Entwicklung der deutsch–tschechischen Nachbarschaftsbeziehungen verpflichtet.

Das bleibt auch weiterhin Programm ihrer Tätigkeit. Heute sind bereits ohne jegliche Einschränkung Treffen und Dialog zur Vergangenheitsbewältigung, zur Korrektur nach jahrzehntelanger Desinformation und zur Suche eines neuen Anfangs möglich. Die Ackermann–Gemeinde möchte die neuen Chancen einer ersprießlichen Zusammenarbeit mit dem tschechischen Volk dazu nutzen, eine freundschaftliche Nachbarschaft zu erreichen. Sie ruft alle Gleichgesinnten und insbesondere die junge Generation zur Teilnahme am gemeinsamen Werk auf.

Die Ackermann–Gemeinde fühlt sich mitverantwortlich für die Erhaltung und Überlieferung der gemeinsamen Kultur der böhmischen

14

Länder. Deshalb bietet sie ihre Hilfe und aktive Mitwirkung beim Aufbau des durch Vertreibung, kommunistische Mißwirtschaft und ökologische Zerstörung stark beschädigten Landes an. Sie unterstützt die Erneuerung und Stabilisierung der Demokratie im Geist der Freiheit und der neuen Form geistigen, kulturellen und religiösen Lebens. Sie ist deshalb bereit, mit allen Gruppen und Kräften zusammenzuarbeiten, die helfen, aus der Tschechischen Republik einen freiheitlichen, demokratischen und sozialen Rechtsstaat aufzubauen, die die deutsche Minderheit unterstützen und die deutsch–tschechischen Beziehungen auf der Grundlage von Wahrheitstreue und Verläßlichkeit entwickeln wollen. So möchte die Ackermann–Gemeinde in Zukunft noch wirkungsvoller ihre Brückenfunktion erfüllen.

Die Ackermann–Gemeinde hat sich mit der Stiftung Bernard Bolzano gern an der Organisation und Durchführung der Konferenz beteiligt, die die Existenz der deutschen Minderheit in der Tschechoslowakei seit 1918 bis in die heutigen Tage aufzeichnet. Unter dem Titel „Verschwiegene Minderheit" ist diese Aktion im April 1992 in Iglau mit großem Erfolg verlaufen.

Ähnlich hat sich die Ackermann–Gemeinde an dem Fachseminar zur Analyse der gegenwärtigen Beziehungen zwischen Deutschen und Tschechen beteiligt, das im November 1992 in Reichenberg in Zusammenarbeit mit der Stiftung Bernard Bolzano und der Hanns–Seidel–Stiftung stattfand.

Deutsche und Tschechen stehen heute am Beginn einer neuen Epoche gegenseitiger Beziehungen. Gemeinsam glauben wir, daß sie eine helle Zukunft versprechen.

ANTON OTTE
Prager Repräsentant der AG

Stiftung Bernard Bolzano

Die Stiftung Bernard Bolzano konstituierte sich im Frühjahr 1991 als internationale Institution, die sich zur Aufgabe gemacht hat, vor allem den friedlichen Prozeß der Annäherung von Staaten und Völkern in Mitteleuropa zu unterstützen. Als tschechisch–deutsch–österreichisches Gemeinschaftsprojekt konzentriert sie sich insbesondere auf die Zusammenarbeit und allseitige Intensivierung der Beziehungen zwischen der Tschechischen Republik und ihren Nachbarn Deutschland und Österreich.

Ihre ständige und prioritäre Aufmerksamkeit widmet die Stiftung der Existenz der deutschen Minderheit in Böhmen, Mähren und Schlesien. In all ihren Aktivitäten betont die Stiftung das bürgerliche Prinzip und den Grundsatz der Verständigung zwischen Menschen verschiedener Nationalitäten und Volksgruppen. Auch aus diesem Grund nahm sie bewußt den Namen des großen Denkers und Philosophen, des gebürtigen Pragers Bernard Bolzano an, eines Patrioten, der sich selbst als ein deutschsprachiger Tscheche bezeichnete.

Die Stiftung geht von den fruchtbaren Traditionen der gemeinsamen Vergangenheit von Tschechen, Deutschen, Österreichern, aber auch Juden, Polen, Ungarn und Slowaken in Mitteleuropa aus. Die Stiftung ist nicht nur Herausgeber der Prager Zeitung, sie veranstaltet auch Konferenzen und Seminare, Autorenlesungen, Konzerte sowie weitere Aktionen, die zum Kennenlernen und Begreifen der Vergangenheit und Gegenwart zum Nutzen einer besseren Zukunft beitragen sollen.

Die Stiftung Bernard Bolzano veranstaltete unter anderem auch die Konferenz „Verschwiegene Minderheit", die im April 1992 in Iglau stattgefunden hat. Zum ersten Mal wurde die Situation der deutschen Minderheit im Gebiet der heutigen Tschechischen Republik ausführlich mit all ihren kulturellen, historischen und auch politischen Zusammenhängen analysiert.

Trotz einiger verschiedener Ansichten, trotz unterschiedlicher Lebenserfahrungen der Deutschen, die hiergeblieben sind, und derer, die

die Republik verlassen mußten, und verständlicherweise trotz der wiederum anderen Erfahrungen von Tschechen oder nur scheinbar neutralen Österreichern hat die Konferenz in Iglau eindeutig zu einem gemeinsamen Schluß beigetragen, in dem sich alle Beteiligten für einen dauerhaften und toleranten Dialog, eine ständige Kommunikation aussprachen.

Bereits die Konferenz an sich rief ein beträchtliches Echo hervor, das sich dann in noch größerem Maße Ende 1992 zeigte, als die Stiftung Bernard Bolzano das Buch „Tschechen und Deutsche – neue Hoffnung?" herausgab. An der konsequent zweisprachigen Publikation beteiligte sich die Münchner Ackermann–Gemeinde, die ebenfalls ein wertvoller Mitveranstalter der Iglauer Konferenz war. Die erwähnte Publikation enthält die interessantesten Beiträge aus Iglau und darüber hinaus die bewanderte Studie über den Komplex deutsch–tschechischen Zusammenlebens der letzten sieben Jahrhunderte von dem Historiker F. Loužil.

In Zusammenarbeit mit dem Prager Büro der Hanns–Seidel–Stiftung und Ackermann–Gemeinde veranstaltete die Stiftung Bernard Bolzano im November 1992 in Reichenberg ein Fachseminar mit dem Titel „Tschechen und Deutsche – Nachbarn in Mitteleuropa". Das Seminar war in drei Diskussionsteile gegliedert, die sich dann begreiflicherweise vielseitig durchdrangen und ergänzten. Der erste Teil war dem allgemeineren Blick auf die Beziehung von Deutschen und Tschechen gewidmet, der zweite Teil konzentrierte sich auf das ständig problematische Thema der Beziehung zwischen Tschechen und Sudetendeutschen und der dritte Teil enthielt konkrete Beiträge betreffs der regionalen Zusammenarbeit der Tschechischen Republik mit den benachbarten Bundesländern Bayern und Sachsen.

Gerade die Auswahl einiger Referate in Reichenberg ist Inhalt dieser Publikation, die unter dem symbolischen Titel „Tschechen und Deutsche – ewige Nachbarn" herausgegeben wurde. Bis auf Ausnahmen wurden die Beiträge offen diskutiert. Die Reden wurden von Tonbandaufnahmen übernommen, so daß logischerweise kein Anspruch auf ausdrückliche Prägnanz der schriftlichen Erscheinung besteht. Wir sind jedoch überzeugt, daß sie es durch ihre ständige Aktualität verdienen, einem größeren Kreis der Öffentlichkeit vorgestellt zu werden. Darüber hinaus knüpft die Stiftung Bernard Bolzano an ihren ersten Titel an und möchte nach und nach eine in sich geschlossene Editionsreihe zur allseitigen Problematik des Zusammenlebens des tschechischen und deutschen Volkes und ihres Schicksals im mitteleuropäischen Raum schaffen. In all diesen Bestrebungen gedenken wir auch weiterhin an dem Bekenntnis des Mannes, dessen Namen die Stiftung trägt, festzuhalten. Bernard Bolzano sagte bereits vor achtzig Jahren, daß „das freie Bewegen des Geistes die größte menschliche Tugend" sei.

Dr. PETR PROUZA
Geschäftsführer der Stiftung B. B.

Hanns–Seidel–Stiftung

Die im Jahre 1967 in München ins Leben gerufene Hanns–Seidel–Stiftung e.V. ist nach dem früheren Ministerpräsidenten des Freistaates Bayern Dr. Hanns Seidel benannt. Sie hat es sich zur Aufgabe gemacht, die gesellschaftspolitische Bildungsarbeit gemäß den Grundwerten der abendländisch–christlichen Tradition im In– und Ausland zu fördern, das Demokratieverständnis zu stärken und zu freundschaftlicher Zusammenarbeit zwischen den Völkern aktiv beizutragen. Partnerorganisationen zur Realisierung dieser Zielsetzung in 70 Ländern der Erde sind politische bzw. kulturelle Stiftungen oder sonstige gemeinnützige Vereinigungen, dazu Universitäten und vergleichbare wissenschaftliche Institutionen.

Politische Bildung soll den Menschen befähigen, seine staatsbürgerliche Freiheit im Spannungsfeld von Anspruch und Rücksicht wahrzunehmen und zu verteidigen. In diesem Sinne will die Hanns–Seidel–Stiftung mit ihrer Arbeit in Seminaren, auf Tagungen und in ihren Publikationen die Achtung dieser Freiheit fördern. Ihre Zielsetzung ist der verantwortungsvolle und kritische Staatsbürger, der sein politisches Handeln von den unverzichtbaren historischen und geistesgeschichtlichen Zusammenhängen her in der Bejahung von Menschenwürde, Freiheit und Heimatrecht für alle begreift und betreibt. So wie sich ihr Namenspatron Hanns Seidel bei seinem politischen Wirken immer wieder gegen jede berechnende Bevormundung der Menschen durch kollektivistische Ideologien gewandt hat, so ist es auch das Bestreben der Stiftungsarbeit, die Autonomie des Staatsbürgers gegenüber solchen Tendenzen zu stärken.

Zur Bewältigung ihrer Aufgaben stehen der Hanns–Seidel–Stiftung verschiedene Institutionen zur Verfügung: Die Akademie für Politik und Zeitgeschehen will den Bürger mit dem Wissen ausstatten, das er bei der Übernahme öffentlicher Verantwortung braucht. Zur Früherkennung neuer Strömungen in Gesellschaft und Politik betreibt sie zudem intensive Grundlagenforschung, die ergänzt wird durch die Bearbeitung von

Fragestellungen, denen in einem freiheitlichen, demokratischen Rechtsstaat vorrangige Bedeutung zukommt.

Das Bildungswerk vertieft mit seinen Lehrveranstaltungen das Verständnis des Staatsbürgers für die christlich–konservative Wertordnung und versucht, die politischen Zusammenhänge des Wirtschafts– und Sozialgefüges transparenter zu machen. Während das Institut für Auswärtige Beziehungen weltweit den Kontakt zu ideologisch nahestehenden Parteien hält und mit ihnen in ständigem Erfahrungs–, Informations– und Meinungsaustausch steht, führt das Institut für internationale Begegnung und Zusammenarbeit in allen Ländern, die dies wünschen, Maßnahmen und Projekte der Verwaltungshilfe, des Managementtrainings und der Berufsbildung durch, fördert aber dort auch die gesellschaftspolitische Erwachsenenbildung und leistet Infrastruktur– und Gewerkschaftshilfe. Das Förderungswerk schließlich unterstützt deutsche und ausländische postgraduierte Studenten und betreibt vorrangig journalistische Nachwuchsförderung.

In der entwicklungspolitischen Konzeption der Hanns–Seidel–Stiftung steht die Stärkung der sozialen Faktoren gleichberechtigt neben der Förderung gesellschaftspolitischer Strukturen. Das heißt: Verbesserung, Stärkung und Nutzung menschlicher Kapazitäten unter Berücksichtigung der sozialen, politischen, kulturellen und wirtschaftlichen Rahmenbedingungen des jeweiligen Landes. Die Mobilisierung eines demokratischen Gemeinsinns unter Wahrung erhaltenswerter Traditionen gehört zu den Grundsätzen der Entwicklungszusammenarbeit der Hanns–Seidel–Stiftung. Alle Projekte sind so angelegt, daß die Länder oder die Partnerorganisationen diese im Laufe der Zeit selbst übernehmen und weiterbetreiben können. Aktivierung von Selbsthilfe und Eigeninitiative ist Stiftungsansatz und Aufgabe für die Zukunft.

Seit Beginn der Reformen in den vormals kommunistischen Ländern Mittel– und Osteuropas im Jahre 1989 engagiert sich die Hanns–Seidel–Stiftung auch hier intensiv bei Ausbau und Festigung partnerschaftlicher Beziehungen. Das wichtigste Ziel dieser Kooperation ist die Unterstützung der Bemühungen dieser Staaten, demokratische und marktwirtschaftliche Strukturen zu schaffen und zu stärken. Darüber hinaus gilt es, nach dem Wegfall des Eisernen Vorhangs rasch und flexibel eine Vielzahl nur gemeinsam lösbarer Probleme bi– und multilateral abzustimmen und aufzuarbeiten.

In der ČSFR, die etwas später als Ungarn und Polen von kommunistischer Politik und Regierung Abschied nahm, ist die Hanns–Seidel–

Stiftung seit November 1990 mit Büros in Prag/Praha und Preßburg/ Bratislava vertreten und unterstützt seitdem eine Vielzahl von Aus– und Fortbildungsangeboten ihrer tschechischen und slowakischen Partnerorganisationen in allen Belangen der Demokratie und der sozialen Marktwirtschaft. Es darf der ČSFR an dieser Stelle bescheinigt werden, daß beide Teilrepubliken ihre Reformpolitik außerordentlich entschlossen voranbringen und daß z.B. im Urteil internationaler Unternehmer die Standortqualität der ČSFR nur knapp hinter Ungarn und damit vor allen anderen Ländern Osteuropas und der früheren Sowjetunion rangiert.

In der Präambel des Vertrages zwischen der Bundesrepublik Deutschland und der Tschechischen und Slowakischen Föderativen Republik wird die Absicht zum Ausdruck gebracht, mit den gegenseitigen Beziehungen an die jahrhundertealte, fruchtbare Tradition der gemeinsamen Geschichte anzuknüpfen und sich, als Nachbarn in Mitteleuropa, vom Bewußtsein gemeinsamer Verantwortung für den Aufbau einer neuen Europas tragen zu lassen. Dabei zeigt sich allerdings vielfach, daß es nicht leicht ist, nachbarschaftliche Zusammenarbeit auf der Grundlage von Jahrhunderten gemeinsamen Lebens in Mitteleuropa mit seinen besonderen kulturellen und wirtschaftlichen Verflechtungen zu entwickeln, wenn gegenseitig zugefügtes Unrecht bei Tschechen und Deutschen sozialpsychologische Folgen hinterlassen hat, die noch überwunden werden müssen.

Aus solcher Erfahrung heraus fördert das hiesige Projektbüro der Hanns–Seidel–Stiftung nachdrücklich jene Aktivitäten ihrer Partner, die in besonderer Weise geeignet sind, durch die direkte Begegnung von Angehörigen beider Völker vertrauensbildend zu wirken und ihre freundschaftliche Zusammenarbeit in einem geeinten Europa auf Dauer zu stärken. Und in diesem Sinne auch hat die Hanns–Seidel–Stiftung gern der Bitte der Stiftung Bernard Bolzano in Prag und der Ackermann–Gemeinde in München entsprochen, das Internationale Seminar ausrichten zu helfen, das mit dem Thema „Deutsche und Tschechen – Nachbarn in Mitteleuropa" vom 18. bis 20. November 1992 in Reichenberg/ Liberec stattfand und von dessen versöhnendem und zukunftsweisendem Geist die vorliegende Dokumentation Zeugnis ablegen möchte.

Dr. ERHARD ZURAWKA
Delegierter der Hanns–Seidel–Stiftung
für die ČR und die SR

ČEŠI
A NĚMCI
věční sousedé

TSCHECHEN
UND DEUTSCHE
ewige Nachbarn

Johann Böhm

Všude ve střední a východní části Evropy, od Baltu až dolů k Albánii a Makedonsku, prožíváme návrat dějin. To, co bylo potlačováno, odsouváno stranou, ideologicky falšováno, vyžaduje historické objasnění. Léta 1918/19 a 1945, základní data určující vývoj našeho kontinentu v tomto století, pronikají do vědomí lidí Evropy. Byla to ovšem nová uspořádání, prosazovaná většinou diktátem, pročež nemohla historicky dobře obstát.

Dnes v posledním desetiletí tohoto století opět stojíme před novým uspořádáním v Evropě. Máme pro to svobodné a demokraticky smýšlející lidi a tvůrčí koncepty? Podíváme-li se na situaci v bývalé Jugoslávii, sotva můžeme na tuto otázku kladně odpovědět.

My na západě jsme byli v podstatě po 40 let svázáni myšlením ve statu Q, což nám do jisté míry znemožňovalo zabývat se návrhy, koncepty a ideemi Evropy. Soustředili jsme se na sjednocení Západní Evropy. Středoevropský prostor, místo, kde se od pradávna setkávali Němci a Slované, se našemu myšlení odcizilo.

Z tohoto statického myšlení nás vytrhli lidé ze střední a východní Evropy. Svou "sametovou revolucí" setřásli komunistické jho, osvobodili se a začali i svobodně myslet. Postavili tak ale i nás na Západě před novou výzvu. Vyzvali nás k tomu, abychom s nimi začali přemýšlet o novém, mírovém a trvalém soužití v Evropě.

V posledních letech tohoto století stojíme tedy před úkolem, přetvořit vztahy mezi evropskými národy.

Zde se naskýtá otázka, podle jakých měřítek má být utvářen tento složitý proces v Evropě, aby v dějinách obstál.

Nebo, abychom to vyjádřili přiléhavěji: co mohou udělat Němci a Češi pro to, aby na pozadí svých dějin uspořádali své sousedství tak, aby nebylo vystaveno různým dočasným vlivům, ale odolalo krizím a bylo trvalé.

Chtěl bych zde uvést následující hlediska:

1. Setkávají se demokraté, setkávají se rovní ve vzájemné úctě a vážnosti jak mezi sebou, tak i k jiným. Setkávají se svobodní lidé, kteří těžce zápasili o svou svobodu a kteří mohou svou budoucnost svobodně utvářet. Nikdo není pokořován, ponižován nebo ustrkován jako v letech 1918 a 1945. Zajisté: politické otázky podléhají různým zájmům, rovněž národním zájmům. Jejich řešení však musí být vedeno rozumem a musí se začlenit do vznikající Evropy.

2. Demokraté řeší problémy mírovou cestou, státoprávně, ve shodě a v souladu s mezinárodními právy národů.

3. Ve vztazích mezi Němci a Čechy, přesněji mezi sudetskými Němci a Čechy, je řada otevřených otázek. Otevřené otázky nemůže nikdo zamést pod koberec dějin, je třeba je řešit. Řešení můžeme nalézt jen když vezmeme v úvahu uvedené zásady. Zůstanou-li zde otevřené otázky, pak se mohou a budou stále znovu vynořovat a kazit vzájemný vztah.

4. Ve vztahu mezi Němci a Čechy nejsou jen škody hospodářského charakteru, porušení práva na vlast, ale i urážky právního cítění a zranění duše. Posledně jmenované dvě škody mohou být zahojeny jen tehdy, když se dostojí právu a dá se průchod historické pravdě. "Co může dát člověk člověku většího než pravdu," řekl Schiller - a to jsou slova, která se hodí na současný vztah Němců a Čechů.

5. K soužití ve střední Evropě, k úloze rozvinout na pozadí uplynulých 60 let dobré sousedské vztahy, patří také schopnost člověka něco oželet a něčeho se zříci. Křesťanský Západ, který nás všechny vychoval, tyto ctnosti zná. Lítost právě tak jako vina jsou vždy individuálním aktem. Zažili jsme například i to, že se svobodně zvolený parlament přizná k tomu, že příslušníci jeho vlastního národa pohrdali jinými lidmi.

6. Za obzvlášť důležité považuji přezkoumání historických představ a názorů. U východních sousedů existují historicky tradované představy o Německu - a obráceně určité představy o Čechách a Polsku u nás. Tyto představy vznikaly převážně v 19. století a později bývaly rády přejímány nacistickou nebo komunistickou vládnoucí elitou a dále tradovány. Přezkoumání těchto názorů na vztahy mezi svobodnými a demokratickými národy je nezbytné. Setrvání na falešných představách a předsudcích by se mohlo stát časem osudným. "Padělatelé dějin," jak řekl Havel, "svobodu nezachrání." Změna těchto názorů zakořeněných v lidech je dlouhodobý, těžký a neustálý proces vzdělávání. Tento proces však musí probíhat důsledně, protože jen tak lze dosáhnout změn v

postojích.

7. Soužití ve střední Evropě dnes znamená respektovat menšiny, poskytovat jim právo na kulturní i jazykový rozvoj a umožnit jim seberealizaci.

8. Můžeme se dohadovat, zda se lze učit z dějin, zda může být historie učebnicí života. V jednom se, jak si myslím, můžeme poučit z historie našeho století určitě. Žádné vyhnání nelze ospravedlnit. Vyhnat někoho z vlasti, odkud pochází, je nelidské. A nemělo by se to nijak přikrašlovat.

Vyjmenoval jsem osm hledisek pro dobré sousedské soužití ve střední Evropě. Netvrdím, že jsem tak dokonale vyčerpal dané téma. Ale: pokud se Němci a Češi na uvedeném shodnou, lze mnoho získat. Pokud Němci a Češi, Sudetští Němci a Češi přijmou toto hodnocení za své, mohou jít příkladem, jak lze řešit otevřené otázky, jak pozměnit tradované historické názory, jak může být přiznání lítosti a odpuštění proměněno v pozitivní budoucí uspořádání. Mohou jít Evropě příkladem a podstatně přispět k mírovému uspořádání vztahů mezi evropskými národy.

Kdo chce předvídat a utvářet budoucnost, musí také chtít a doufat. Musí mít trpělivost, protože změny vyžadují čas.

26

Johann Böhm

Überall in der mittleren und östlichen Hälfte Europas, vom Baltikum bis hinunter nach Albanien und Mazedonien, erleben wir die Rückkehr der Geschichte, Verdrängtes, Beiseitegeschobenes, ideologisch Verfälschtes fordert nach historischer Klärung. 1918/19 und 1945, die Grunddaten für die Gestaltung unseres Kontinents in diesem Jahrhundert, dringen in das Bewußtsein der Menschen in Europa. Freilich, es waren Neuordnungen, die zumeist per Diktat durchgesetzt wurden, weswegen sie auch vor der Geschichte zum Teil keinen Bestand hatten.

Heute im letzten Jahrzehnt dieses Jahrhunderts stehen wir wiederum vor einer neuen Ordnung in Europa. Haben wir, haben freie und demokratisch gesinnte Menschen, Gestaltungskonzepte dafür? Mit Blick auf die Situation im ehemaligen Jugoslawien wird man diese Frage kaum bejahen können.

Wir im Westen waren 40 Jahre lang überwiegend in einem Status-Quo-Denken verhaftet, das uns möglicherweise unfähig machte für Entwürfe, Konzepte und Ideen in Europa. Wir haben uns auf die Einigung Westeuropas konzentriert. Der mitteleuropäische Raum, der alte Begegnungsraum zwischen Deutschen und Slawen, war unserem Denken entwöhnt.

Aus diesem statischen Denken haben uns die Menschen in den ostmitteleuropäschen Ländern herausgerissen. Sie haben mit ihrer "Sanften Revolution" das kommunistische Joch abgeschüttelt, sie haben sich freigemacht, auch freigemacht zu neuem Denken. Sie haben damit aber auch uns im Westen vor neue Herausforderungen gestellt, uns aufgefordert, mit ihnen zusamen über ein neues, ein friedliches, ein dauerhaftes Zusammenleben in Europa nachzudenken.

Wir stehen also in den letzten Jahren dieses Jahrhunderts vor der Aufgabe, die Beziehungen in Europa zwischen den Nationen neu zu gestalten.

Das wirft die Frage auf, nach welchen Wertmaßstäben ein derartiges Beziehungsgeflecht in Europa gestaltet werden muß, damit es vor der Geschichte Bestand hat. Oder, um es näherhin zu sagen: was können Deutsche und Tschechen tun, um vor dem Hintergrund ihrer Geschichte Nachbarschaft so zu gestalten, daß sie nicht etwaigen konjunkturellen Schwankungen unterworfen, sondern krisenfest und dauerhaft ist.

Ich möchte hierzu folgende Gesichtspunkte nennen:

1. Es begegnen sich Demokraten, es begegnen sich Gleiche in gegenseitiger Achtung und in Würde vor sich selbst und vor dem Anderen. Es begegnen sich freie Menschen, die um ihre Freiheit hart gerungen haben und die die Freiheit haben, Zukunft zu gestalten. Niemand muß gedemütigt, unterdrückt oder niedergehalten werden wie 1918 oder 1945. Gewiß: Politische Fragen unterliegen durchaus Interessen, auch nationalen Interessen. Ihre Lösungen müssen aber vernunftgeleitet sein und sich in das werdende Europa einfügen.

2. Demokraten lösen Probleme friedlich, rechtsstaatlich, im gegenseitigen Einvernehmen und im Einklang mit dem internationalen Völkerrecht.

3. Es gibt im Verhältnis zwischen Deutschen und Tschechen, genauer zwischen Sudetendeutschen und Tschechen, offene Fragen. Offene Fragen kann niemand unter den Teppich der Geschichte kehren, sondern sie harren einer Lösung. Lösungen können nur unter Beachtung der eben genannten Grundsätze gefunden werden. Bleiben aber offene Fragen zurück, so können und werden diese immer wieder aufbrechen und das gegenseitige Verhältnis belasten.

4. Es gibt im Verhältnis von Deutschen und Tschechen nicht nur Verletzungen ökonomischer Art, nicht nur Verletzungen des Heimatrechtes, sondern auch Verletzungen des Rechtsempfindens und Verletzungen der Seele. Die beiden letztgenannten Verletzungen können nur geheilt werden, indem man das Recht in seine Würde einsetzt und indem man der historischen Wahrheit die Ehre gibt. "Was hat der Mensch dem Menschen größeres zu geben als die Wahrheit", sagte Schiller, ein Wort, das auf Deutsche und Tschechen in der gegenwärtigen Zeit voll zutrifft.

5. Zum Zusammenleben in Mitteleuropa, zur Aufgabe, gute Nachbarschaft vor dem Hintergrund der Geschichte der vergangenen 60 Jahre zu gestalten, gehört auch die Fähigkeit der Menschen zur Reue und zum Verzicht. Das christliche Abendland, vom dem wir alle geprägt sind, kennt diese Tugenden. Reue wie Schuld sind stets ein individueller Akt.

Wir kennen auch jene Formen von Bekenntnissen, die zum Beispiel ein frei gewähltes Parlament für von Angehörigen der eigenen Nation begangene menschenverachtende Geschehnisse ablegt.

6. Als besonders wichtig erachte ich die Überprüfung von Geschichtsbildern. Bei den östlichen Nachbarn gibt es aus der Geschichte heraus lange tradierte Deutschlandbilder wie umgekehrt bestimmte Tschechen - oder Polenbilder bei uns. Diese Bilder wurden zumeist im 19. Jahrhundert geboren und später nur allzu gern von der nationalsozialistischen oder der kommunistischen Herrschaftselite übernommen und bewußt weiter tradiert. Die Überprüfung dieser Bilder zwischen freien und demokratischen Nationen ist notwendig. Das Mitschleppen von falschen Bildern und Vorurteilen würde sich auf Dauer fatal auswirken. "Geschichtsfälscher", so Havel, "retten die Freiheit nicht". Diese Veränderung von in den Köpfen enthaltenen Bildern ist ein langer, schwieriger und steter Bildungsprozeß. Dieser Bildungsprozeß muß jedoch konsequent gegangen werden, denn nur er führt zum Wandel von Einstellungen.

7. Zusammenleben in Mitteleuropa heute heißt, die Minderheiten achten, ihnen das Recht zur kulturellen und sprachlichen Entfaltung und zu Artikulationsmöglichkeiten zu geben.

8. Man mag darüber streiten, ob man aus der Geschichte lernen kann, ob die Geschichte eine Lehrmeisterin für das Leben sein kann. Eines freilich, so denke ich, lehrt die Geschichte unseres Jahrhunderts schon. Keine Vertreibung ist gerechtfertigt. Vertreibung aus der angestammten Heimat ist unmenschlich. Hier darf es keine Beschönigungen geben.

Ich habe acht Gesichtspunkte für ein Zusammenleben in guter Nachbarschaft in Mitteleuropa genannt. Sie erheben keinen Anspruch auf Vollständigkeit. Aber: Könnten sich Deutsche und Tschechen darauf verständigen, wäre viel gewonnen. Könnten Deutsche und Tschechen, Sudetendeutsche und Tschechen, die diesen eben genannten Punkten innewohnenden Wertmaßstäbe annehmen, könnten Deutsche und Tschechen ein Beispiel geben, wie offen Fragen zu lösen sind, wie tradierte Geschichtsbilder aufgehoben werden, wie Bekenntnis, Reue und Verzicht in positive Zukunftsgestaltung umgewandelt werden können, dann würden sie Europa ein Beispiel vorleben und einen wesentlichen Beitrag zu der eingangs bezeichneten Aufgabe einer Neugestaltung der Beziehungen zwischen den Nationen in Europa leisten.

Wer Zukunft sagt und wer gemeinsame Zukunft gestalten will, der muß Wollen und Hoffnung in sich tragen. Er muß Geduld haben, denn Veränderung braucht Zeit.

Rudolf Hilf

Byl mi svěřen úkol, pohovořit ve svém úvodním referátu obecně na téma Němci a Češi s podtitulkem Poznámky k aktuální situaci. V rámci téhož zasedání se konají ještě další dva panely s názvy Češi a Sudetští Němci a Bavorsko, Sasko a Česká republika. Ke všem třem tématům bych rád něco předeslal:

Dovolte mi, abych v souvislosti s tématem Němci a Češi – poznámky k aktuální situaci, nejprve trochu nahlédl do dějin, neboť aniž bychom viděli, odkud pramení přítomnost, nemůžeme nikdy dostatečně pochopit budoucnost a vypořádat se s ní. Rozhodnutí se sice provádějí v přítomnosti, kdo se však sám vzdá minulosti, nemá před sebou ani budoucnost, v žádném případě ne dlouhou. To, co minulo, není pouze prach a popel.

K ostatním tématům: Poněvadž se všechna tato témata vzájemně prolínají, je nevyhnutelné, aby se tu a tam chodilo „pytlačit" do jiného tématu, nebo aby se věci opakovaly. Prosím proto již nyní za prominutí.

Ještě mi dovolte, abych hned úvodem osvětlil aktuální téma z pohledu dějin, aniž byste se museli obávat toho, že uslyšíte historickou přednášku. Shrnu jenom několik tezí:

Společenství Němců a Čechů v oblasti Zemí koruny české trvalo více než 800 let a bylo podle mínění německých historiků jedinou skutečnou německo–slovanskou symbiózou v Evropě. Skutečností je, že z pohledu dějin nenajdeme v celé Evropě žádné dva národy, které se vzájemně tak prolínají a na základě toho jsou si tak blízké jako Němci a Češi. Není náhodou, že Přemysl Otokar II. se mohl ucházet o císařskou korunu, a že se za vlády Lucemburků Praha mohla stát centrem Sacri imperii Romani (Svaté říše římské), což nebyla, jak je třeba poznamenat, žádná Německá říše, žádný německý národní stát.

Když po bitvě na Bílé Hoře Vídeň převzala moc, byly veškeré německo–české vztahy Rakouskem mediatizovány. Až do roku 1918 neexistovaly již žádné přímé německo–české vztahy – jako v říšském středověku a v době husitské – nýbrž již jen vztahy vnitrostátně české a navenek zprostředkovávané Rakouskem.

Teprve od roku 1918 – se založením Československé republiky – začínají opět existovat, jako již ve středověku, přímé německo–české vztahy, které trvají až do současnosti a jistě budou existovat i v budoucnosti. Dá-li pán Bůh i v příštím tisíciletí.

Návrat k těmto přímým vztahům se však zrodil jinak, než tomu bylo za vlády Štaufských císařů a Přemyslovců, pod neblahou hvězdou: Byly předurčeny první světovou válkou a porážkou Německa v této válce. Československo vzniklo jako součást francouzského bezpečnostního systému a od počátku bylo jasné, že půjde o jeho osud, jakmile se tento obranný systém zhroutí. Tento bezpečnostní systém se však zakládal na tom, že dvě evropské velmoci – Německo a Rusko – zůstaly v zásadě vyřazeny (Německo vojenskou porážkou a Rusko občanskou válkou a následující revolucí) a ani by nebyly dosti mocné, aby buď každá sama, anebo společně provedly revizi tohoto bezpečnostního systému, jak k tomu později došlo. Mír z roku 1919 proto nebyl skutečným mírem, nýbrž jen příměřím a německo–české vztahy stály na velice nestabilních základech.

Když se v roce 1938 francouzský bezpečnostní systém zhroutil jako domeček z karet, bylo by bývalo na Němcích, aby vytvořili mír. Byli toho však právě tak málo schopni jako Francouzi v roce 1919. Zatímco Francouzi chtěli dosáhnout pouze statutu quo vítězství z roku 1919, usilovali Němci nejenom o revizi, nýbrž o nadvládu – expanzi, zvláště směrem na východ, což bylo pravým opakem míru. To vše vedlo přímo ke druhé světové válce.

Další šance vytvořit mír přišla v roce 1945. Byla jen nepatrná, neboť válka nejenže vyhrotila nenávist národů k bezpříkladným bezuzdnostem, nýbrž měla i za následek, že zbyly pouze dvě globální velmoci – americká a sovětská – které téměř půl století strnule zůstaly proti sobě stát na frontové linii, na které kapitulovaly německé armády, neschopné uzavřít mír.

Důsledkem byl vznik dvou německých států a veškeré německo–československé vztahy neměly před rokem 1990 naprosto žádnou svébytnost, nýbrž byly jen neustále se měnícími formami vztahů těchto dvou vojenských paktů. Tento německo–český sekundární poměr však nebyl zatížen jen německými násilnostmi vůči Čechům v roce 1938 – rozdělením tisíciletých Čech – a upřením české státnosti v roce 1939 – nýbrž i vyhnáním německého obyvatelstva českých zemí z vlasti, kterou obývalo po 800 let. Toto vyhnání bylo Benešovým aktem msty, se kterým Sověti ostatně souhlasili teprve jako poslední, až koncem roku 1943, které však bylo Stalinem velice rychle pochopeno, jako to, čím ze strategického hlediska skutečně bylo: nástrojem k tomu, aby český národ byl připoután k východnímu impériu bázní před německou revanší. Německo–české vztahy, které měly v průběhu dějin převážně pozitivní a plodný význam pro obě strany, měly být jednou provždy redukovány na nenávist a strach. To byl význam „odsunu".

Od druhé poloviny minulého desetiletí – od Gorbačova – se mění již po čtvrté v průběhu tohoto století politicko–strategická „povětrnostní situace": sovětská globální moc se zhroutila: v Německu ovládá pole jen západní státní forma: sovětské armády musí vzhledem k vnitřnímu zhroucení vyklidit celé glacis (kolbiště) od Labe až po Černé moře. To je první skutečná šance postavit česko–německé vztahy na nový, nikým cizím neurčovaný, nezávislý fundament. Češi chtějí do Evropy. K tomu nemůže dojít bez Němců a nebo proti jejich vůli. V tomto směru je situace jiná než v roce 1919. To, co se musí stát, vidí obě strany naprosto jasně – nejprve se musí odstranit neblahé pozůstatky minulosti – než se začne stavět, je třeba odklidit ze staveniště suť z let 1938/39 a 1945/46. Co se týče let 1938/39 je to snadné, neboť hranice lze ve smlouvách škrtnutím pera změnit. Co se týče vyhnání a vyvlastnění majetku miliónů lidí, je to však velice obtížné, neboť zde hrají na obou stranách roli nejen emoce velkých vrstev obyvatelstva, nýbrž se i znovu jitří staré rány. Jak je však možné přesto přese všechno vytvořit mír? To je onen skutečně veliký úkol naší doby. Nepodaří-li se, zvítězili přece jen Stalin a Hitler, neboť ve stále neklidnější a nestabilnější Evropě, ve které znovu propukají od východu nesmírnou silou národnostní konflikty vrcholící i válečnými střety, které by se mohly rozšířit jako stepní požár, by nebyl tento nevyřešený německo–český konflikt jen ve sklepě zakopaným a zapomenutým mrtvým, jehož existenci potlačujeme, nýbrž spíše obrovskou zakopanou minou, jejíž rozbuška po určité době prorezne a mina náhle exploduje. Přinejmenším tehdy, vzplane-li směrem k východu polovina Evropy.

Jak se oba státy s tímto problémem mohly doposud vyrovnat? Mám na mysli Smlouvu o dobrém sousedství a přátelské spolupráci. Zde je možné pouze jedno hodnocení: nedostatečně. Smlouva je sice dobrým začátkem, a já sám jsem s ní veřejně souhlasil, především kvůli článku XIII (slib podpory regionální, hranice přesahující spolupráce), vlastnímu, výše zmíněnému problému, se však až trapně vyhýbá. Problém se zredukoval na pouhou výměnu korespondence, která slibuje eventuální projednání na svatého Dyndy, jak říká ruské přísloví: posle doschdika v tschetwerg – „po deštíku ve čtvrtek" – to znamená nikdy. Pravděpodobně doufali oba smluvní partneři, že se tohoto nepohodlného problému snadno zbaví. Že bude stačit interně a externě jen pár politických kapek na uklidnění. V to se doufalo již po čtyři desetiletí, a přesto se tato otázka vyskytla prakticky přes noc znovu. Jak to však bude potom vypadat v Evropě, která se – s Maastrichtem i bez Maastrichtu – zcela zřejmě destabilizuje a kde hrozí od východu vypuknutí a rozšíření národnostních požárů, vedoucích až k přímým válečným konfliktům? A co se stane, destabilizuje-li se postupně po roce 1994 i Německo? A to se dá již téměř očekávat. Dojde-li k tomu – potom jsme opět zmařili, tedy Němci i Češi, mezi rokem 1990 a 1994 další šanci. Zprostit viny můžeme pouze Václava Havla, protože ten udělal to, co musí být předpokladem každého řešení: porušil tabu, což není jen morálním, nýbrž i státnickým činem, významem odpovídajícím odstranění ostnatého drátu, minových polí a pozorovatelen na hranici. Touto větou však opustím německo–českou problematiku a vrátím se zase zpět na politicko–strategické pole poměrů mezi našimi státy.

Co se změnilo oproti „povětrnostní situaci" z let 1919, 1938 a 1945? Následující:

Období vnitroevropských válek mezi Němci a západní Evropou definitivně skončilo. Jen na bezvýznamných a nedůležitých dějištích lze ještě použít jednoho proti druhému, nebo nějakým způsobem profitovat.

Němci opět zaujali ústřední klíčovou pozici. Bez nich nebo proti jejich vůli nevznikne sjednocená Evropa. S tím je však spojeno i opačné nebezpečí, že Evropa kvůli nim opět může ztroskotat, zaujmou-li po roce 1994 nacionálně egoistický kurs, čehož příznaky jsou již patrny, i když výhybky ještě nejsou nastaveny. Jen na okraj poznamenávám: v tomto případě by se sudetoněmecko–český konflikt automaticky zvětšil, v žádném případě by se nemohl zmenšit, jeho řešení by se ztížilo a nikoliv ulehčilo, celková atmosféra by se v zásadě otrávila.

Německo je na kontinentě pro Ameriku nepostradatelným partnerem číslo jedna. Kdyby Němci nebyli pro NATO, opustili by Američané kontinent, nebo by ho opustit museli.

V této nové konstelaci je pro Německo současně a přednostně možné trojí:

1. Partnerství se Spojenými státy, založené na shodě zájmů, v neposlední řadě zájmů vojenského charakteru.

2. Partnerství s Francií, založené rovněž na shodě zájmů. Oba státy jsou si vědomy, že mohou jen společně zasahovat do světové politiky.

3. Partnerství s Ruskem, založené rovněž na shodě zájmů, neboť Rusko potřebuje Německo z hospodářských důvodů a Německo Rusko z důvodů vojenské bezpečnosti.

Při této příležitosti bych rád zdůraznil ještě následující: Rusko se vrátí stejně tak na světovou politickou scénu jako velmoc, i když se zdá, že situace v Rusku spěje momentálně k chaosu, jako se na světovou scénu opět vrátilo Německo. Nejhloupější politikou bylo odedávna, využívat až do excesu vítězství, zvláště takových, která člověku jen nenadále padla do klína. Dříve, mnohem dříve, kdy ještě pánové spolu vedli války, se vědělo, že se válčí jen proto, aby se uzavřel mír, možná jiný, než byl ten předchozí, ale vždy opravdový mír, ne ničení a msta, to, po čem od pradávna prahly masy, které potřebovaly jako motiv „svatou věc" a žíznily po krvi.

V tomto geograficko–historicko–geometrickém a dynamickém spletenci vztahů je uložen stejně tak dynamický německo–český vztah. Neexistuje jako soběstačný „ostrov blažených" a jeho opce jsou omezeny pro obě strany. Tím jsem se dostal k poslednímu bodu: Co se může a co se má stát?

Stát se může následující:

Dáme-li věci volný průchod, bude po roce 1994 vnitřně finančně těžce zatížené Německo určovat priority, které odpovídají výše uvedenému: to znamená kooperace se Spojenými státy, kooperace s Francií a kooperace s Ruskem. Všechno ostatní je sekundární a zůstane v daném případě bez povšimnutí.

Bude-li vnitropolitický trend v Německu pokračovat tak jako v posledních dvou letech, vznikne nacionálně–egoistické Německo, které začne odmítat být i nadále „pokladníkem Evropy". Proti velké koalici ve středu bude stát akcionistický radikalismus zleva i zprava, především však zprava, který bude mít vliv na celkový kurs. Přitom sice nemusí nikdo v cizině, tedy ani v Čechách, mít strach před tím, že se Němci znovu „dají na pochod". Ne, to neudělají, tolik se už přiučili. Nový nacionální egoismus se bude lišit od starého tím, že už nebude chtít dobývat, nýbrž že se bude koncentrovat sám na sebe: takříkajíc – ať se ostatní smaží ve vlastní šťávě, co je nám do toho?! Zdůrazňovány budou potom jen německé zájmy a požadavky a můžeme vycházet z toho, že i tehdy stále ještě existující problém vyhnání a vyvlastnění sudetských Němců přivedou německo–české vztahy na bod mrazu. K hospodářskému egoismu, který je zákonem kapitalismu, přibude egoismus nacionální. Nemusí k tomu dojít. Jistě k tomu však dojde, nepodnikne-li se v dostatečné míře a včas něco proti.

Co by se tedy mělo stát:
Ony již zmíněné priority pro Německo – Spojené státy, Francie a Rusko jsou trvalou, nepomíjející konstantou. K tomu by se však měla připojit ještě konstanta čtvrtá: vědomí, že Německo nemůže být bezpečné, zůstane-li nebo stane-li se východní část Evropy instabilní. To tedy znamená čtvrtou shodu zájmů. A zde hrají německo–české vztahy nejenom v oblasti hospodářské a sociální, nýbrž i v oblasti vojenské jistoty, klíčovou roli, ačkoliv se to týká i Polska a převážné části Podunají a jihovýchodu.

Já však jdu ještě o krok dále: zatímco jsou uvedené tři konstanty pro německou politiku jen shodami zájmů, které mohou být různě zdůrazňovány dle měnící se situace, mohla by čtvrtá konstanta, jejíž jádro tvoří· německo–český vztah, znamenat změnu kvalitativní a tím inovaci, která by stabilizovala trvale střed Evropy, a tím prakticky anticipovala ve všech oblastech vstup České republiky do Evropského společenství. To je ona velká šance, bude-li oběma stranami pochopena, ano, řekl bych, že je to dokonce NUTNOST. Proto musí být sudetoněmecké otázky nejen co nejrychleji, ale především ve shodě vyřešeny a jejich cílem musí být mír. A právě proto je spojení v Egrensis tak nesmírně důležité.

Více než všude jinde jsou dány právě v česko–německém případě ve všech oblastech nejlepší předpoklady, odstraní-li se do roku 1995 na obou stranách stále ještě stávající překážky a nastaví-li se nové výhybky.

Překážkou par excellence jsou zde sudetoněmecké otázky (používám zcela vědomě formu plurálu, poněvadž sudetoněmecká otázka ve smyslu let 1938 a 1945 již neexistuje, nanejvýš ještě pouze v oboustranném nesprávném povědomí).

Zde by bylo v oboustranném zájmu, najít v průběhu příštích dvou let řešení, které vycházejíc z minimálního konsensu, vytvoří ohraničený model, uvnitř kterého může být oběma stranami bez rizika a ressentiments vyzkoušeno, co jde a co ne.

Nejlepší možnou strategií proti návratu do nacionálního egoismu států je jejich spojení v hranice přesahujícím regionu. Přirozeně zde mám na mysli projekt Euroregio Egrensis, které spojuje dohromady Bavorsko, Českou republiku a Sasko. I tady existuje však určitá podmínka: musí být skutečný, hranice přesahující Evropský region, se společnými orgány, podobně jako je tomu u německo–holandského

Snímek ze slavnostního zahájení semináře. Zleva: Anne-Marie Steffke, místopředsedkyně Ackermann - Gemeinde, Johannes Böhm, státní sekretář bavorské vlády, dr. Jaroslav Šabata, předseda nadační rady B. Bolzana, dr. Erhard Zurawka, vedoucí pražské kanceláře Hanns - Seidel - Stiftung.

Feierliche Eröffnung des Seminars. Von links: Anne-Marie Steffke, stellv. Vorsitzende der Ackermann-Gemeinde, Johannes Böhm, Staatssekretär der Bayerischen Regierung, Dr. Jaroslav Šabata, Vorsitzender des Stiftungsrates der Stiftung Bernard Bolzano, Dr. Erhard Zurawka, Leiter des Prager Büros der Hanns-Seidel-Stiftung.

a německo–francouzsko–švýcarského Regia Basilensis. Bez společných správních orgánů žádné finanční prostředky z Bruselu. Bez těchto společných orgánů by všechno bylo jen pouhou fasádou, která je nezajímavá i pro německé zájmy. Dějiny se neopakují. Existují však analogie. Mezi léty 1919 a 1938 jsme měli k dispozici téměř 20 let, ze kterých by byla nejméně 15 mohla využít tehdejší česká vláda, která byla u moci. Až do roku 1935 podporovala totiž většina sudetských Němců prostátní aktivistické strany. V Praze se však pomýšlelo na to, uzavřít kompromis, spoléhalo se na pomoc zahraničních mocností. Po roce 1935 již bylo pozdě. Díky tomu, že Václav Havel v roce 1989/90 prolomil stará tabu, se ještě jednou otevřela cesta nové šanci. Nikdo nemůže tvrdit, že bude lehká, že by byla nemožná, však rovněž ne. Uplynuly dva roky, ve kterých se událo sice hodně dobrého, ale nakonec přece jen nedostačujícího, k tomu počítám i Smlouvu o dobrém sousedství a přátelské spolupráci. Možná, že máme k dispozici už jen dva či tři roky a potom bude zase pozdě. Každý, kdo tuto skutečnost nechce vidět a zavírá před pravdou oči, se stává spoluviníkem.

Jaromír Loužil

Jedním ze základních poznatků naší generace je debakl konceptu národního státu vůbec a Československé republiky zvlášť. Byli jsme na první republiku hrdí, ve srovnání s tehdejšími sousedními státy, snad i právem. Ale dnes už nemůžeme zavírat oči před podstatnou konstrukční vadou v samých jejích základech: byl to jednonárodní stát na mnohonárodním teritoriu. Ztroskotal nejprve na sudetských Němcích a nyní na Slovácích. Kromě toho ani Čechům a Slovákům nebyl s to zajistit bezpečnou existenci a uchránit je před dvojí okupací. Není na mně, abych hodnotil, nakolik uspokojil potřeby a tužby sudetských Němců německý národní stát, pro který se v roce 1938 rozhodli, tj. Třetí říše. V každém případě je strhl do zločinné války, což přispělo po porážce Německa k jejich vyhnání. Všichni se nepochybně chceme z chyb minulosti poučit a začít znovu a lépe. Zdá se, že v rozhodujících českých politických a intelektuálních kruzích (sotva ovšem v širokých vrstvách) převládá vůle budovat nový stát na občanském principu, zříci se ideje národního státu. A tu se klade otázka: Jsou k tomu odhodláni také sudetští Němci? (Mám na mysli samozřejmě ty, kteří se chtějí vrátit.) Jsou připraveni opustit svůj národní stát a vstoupit do svazku nového občanského státu na území Čech a Moravy? (Záměrně ponechávám stranou jeho pojmenování, které by mohlo mást, ostatně o něm nebylo ještě rozhodnuto.) Otázku lze vyhrotit: Jako kdo se chtějí vrátit jako čeští a moravští Němci (Deutschbohmen, Deutschmährer), tj. jako „naši Němci", nebo jako Němci vůbec (dříve by se řeklo „říšští Němci")? Nebo jinak a ještě ostřeji: Kam se chtějí vracet, do předmnichovských Čech a Moravy, nebo do potomní „říšské župy Sudetenland"? Prosím, abyste nechápali moje otázky jako provokaci, chtěl jsem tak jen upozornit na to, že sympatická myšlenka státu budovaného na občanském principu nám sice nabízí řešení odvěkého problému česko–německého soužití v jednom státě, zároven ale na nás _ Čechy i Němce – klade určité nároky a požadavky, které si nesmíme zastírat. Bylo by dobře, kdyby se k tomu vyjádřili sudetští Němci, (resp. jejich mluvčí) sami.

39

Sudetští Němci byli, jsou a budou vždy úzce spjati s německým národem a státem. Tato pouta – nejen jazyková a kulturní, ale i osobní, příbuzenská – jistě ještě zesílila následkem jejich téměř půlstoletého soužití s ostatními Němci na území SRN. Nový občanský stát nebude samozřejmě na sudetských Němcích požadovat, aby se těchto svazků zřekli. Bude si ale dělat nárok na jejich politickou loajalitu. Jsou sudetští Němci (ti, kteří se chtějí vrátit), připraveni vyměnit starou německou nacionální loajalitu za občanskou loajalitu k novému českému státu?

Jaroslav Šabata

Stojíme před výzvou, abychom na tomto našem shromáždění našli odpověď, pokud možno adekvátní současné situaci. Je nám jasné, že to nebude odpověď, která bude odpovídat tradičním rámcům úvah o česko–německých vztazích. Z jakých hledisek by asi měla naše odpověď vycházet? V každém případě z toho, co bylo zde naznačeno, Evropa se ocitla na prahu mimořádně hluboké geopolitické revoluce. Já to slovo geopolitická zde podtrhuji. My hovoříme o revoluci v Evropě, o demokratických revolucích v Evropě buď v množném čísle, nebo dokonce v jednotném čísle. Já bych rád podtrhnul, že demokratickým proměnám předchází a do značné míry je určuje hluboká změna geopolitická. Vzniká nová struktura Evropy a s ní to, čemu se tradičně říká Mitteleuropa. Včera už jsem úvodním slovem úmyslně použil slovo německé, protože je známo, že s pojmem Mitteleuropa je spojena jistá tradice. Tradice pozitivní i negativní z hlediska Čechů.

Německo patří ke střední Evropě, o tom osobně nepochybuji, a země varšavské skupiny, v podstatě už čtyřky mohou spolu vytvořit nové demokratické společenství. To je ta velká šance, o které vlastně R. Hilf hovoří. Já bych jeho ideu podtrhl, a to dokonce v tom smyslu, že to není jen velká výhra pro národy střední Evropy, ale že to je rozhodující výhra pro Evropu vůbec. Chtěl bych říci, že signál, vliv, vyzařování z takovéto střední Evropy by nepochybně změnilo atmosféru jak na Balkáně, tak v ex Sovětském svazu, který se zatím, zdá se, obrací proti stabilitě ve střední Evropě. Tak se to aspoň chápe, když se mluví o vztazích československých a hodnotí se spíše jako úkaz neblahý. Nevidí se, že v tomto procesu dezintegrace vlastně vzniká nově integrovaná střední Evropa.

Máme nesporně demokratické spojence v Německu. Pokud sa sami chceme považovat za demokraty, pokud se nechceme uchýlit do nějaké nacionální skořápky, máme vůči těmto demokratům taky své povinnosti.

Radko Pytlík

Chtěl bych upozornit, že pohled na Evropu jako na mýtus má svoje vynikající přednosti. Za prvé, umožňuje tento pohled antropomorfizovat, tj. chápat to i s detaily psychologickými a obecně lidskými. Já jsem si dovolil Vám ke svému trochu kurióznímu výkladu rozdat takový obrázek, což je karikatura A. Borna. Parodickým způsobem znázorňuje jak Evropa dobývá, tehdy ještě méně civilizované, zdánlivě velice primitivní země indiánské. Jde v tomto případě o Kanadu. Chtěl bych říci, že tato dáma jak se tam jeví, vypadá velice sebevědomě, opírá se o zbraň, kterou drží v ruce, tváří se dokonce nadřazeně vůči těm starým indiánským civilizacím, jež rezignovaně hledí na příchod nové doby. Ale zase se domnívám, že už věk této dámy a celkový zjev svědčí o tom, že jde o postavu značně schizofrenní, že je zmítána vnitřními rozpory. Tyto rozpory lze pochopitelně i dokumentovat určitými dějinnými fakty. V daném případě šlo o atribut, kterým byla Evropa dlouho nazývána v době objevování nových světů, totiž, že je stará. Stará Evropa se stavěla proti novému světu, který vznikal v Americe a v různých zemích koloniálních. Myslím si, že tento moment je jeden z charakteristických rysů, který poznamenal snahu po evropském sjednocení. Byl to fenomén, který byl nazván univerzalismem. Současně se snahou po sjednodnocení se vyskytovaly paralelně i snahy po rozpolcení. Projevovalo se to pochopitelně hned po rozpadu tzv. římské říše v roce 395, kdy se jak známo evropský svět rozdělil na část západní a část východní. Osvícení panovníci, jako např. u nás Karel IV., se snažili překlenout tyto rozpory a dokonce povzbuzovat vzájemnou konfrontaci dvou civilizací, dvou kultur jak západní, tak východní. Tyto rozpory se potom stupňují v dalších stoletích jako rozpory mocenské. Evropa, jak známo, je zmítána jednak zájmy námořních velmocí starých (Anglie, Španělsko, Portugalsko) a velmocí kontinentálních (Francie, Německo). Mohl bych dokumentovat tyto rozpory na celkové situaci jedné z předních seskupení tehdejší doby, říše Habsburské. Tento základní rozpor západ a východ byl zvláštním způsobem adorován po 2. světové válce, kdy se vytvořením železné opony prohloubil tento základní rozpor jak kulturní, civilizační, tak i psychologický a vojenský. Nemůžeme si myslet, že by pouhým pádem totalitního režimu a pouhým rozpadem sovětského impéria byl vykořeněn princip nedůvěry, který zde byl po generace pěstován mezi oběma těmito celky a který se může projevit výskytem zcela zvláštních rezidují. A u tohoto problému bych se chtěl ještě na závěr zastavit. Určitým takovým reziduem je snaha po vytváření menších státních celků, po vyhrocení konfrontačního rozporu mezi tzv. malými státními celky a malými národy a mezi velkými národy. To je problém, který samozřejmě existoval už dříve, byl naznačován už Masarykem v úvaze o úloze malých národů v Evropě. Promítá se pochopitelně i do celé té středoevropské geopolitické situace po rozpadu Rakouska–Uherska, ale tento rozpor právě je vyhrocován pod dojmem onoho velkého třesku, rozpadu sovětského bloku. Chtěl bych upozornit ještě na jeden moment a to jest moment slavěnofilství. Pan R. Hilf zde mluvil o těch 800 letech soužití trošku, řekl bych, idylicky. Mám pocit, že tady šlo i o určitý vnitřní zápas a často mocenský zápas, zvlášť ve století 19., kdy se vyhrocují oboustranně nacionální otázky, a to se samozřejmě stupňovalo i ve století 20., po zkušenostech s totalitními režimy. Chtěl bych upozornit na to, že tento problém slavěnofilský v českém prostředí znamenal i určité otupení kritického vztahu vůči sovětskému režimu a vůči stalinismu. Odstranění těchto rezidují je velmi důležité i ve vztahu mezi Čechy a Němci. Nelze totiž smést všechno se stolu a nelze zase stavět budoucnost na obnovování těchto rezidují. Na druhé straně nelze začít tím, že se budou otevírat staré rány, že se budou potlačovat emocionální efekty i určité prvky kritického rozumu.

Chtěl bych upozornit zejména své německé přátele, kteří sympatizují s tímto novým vztahem bez rezidují. I situace současná, současného Československa tzv. rozpadu, značně psychologicky komplikuje situaci v českých zemích a skutečně prohlubuje onen pocit ohrožení, onen vztah mezi malými a velkými národy. Domnívám se, že tady bude na místě, aby zejména v oblasti psychologické, politické a kulturně historické nevystupoval ten velký celek německý jako příliš dominantní. Hospodářská převaha je zde naprosto zřejmá. Ale právě v této oblasti, řekl bych psychologické a mentální je nutné, aby zde panoval skutečně vztah rovného s rovným, což jedině může vytvořit podmínky pro nové soužití, soužití mezi oběma našimi národy a k nastolení onoho ideálu, o kterém zde v hlavním referátu bylo hovořeno.

P. Václav Malý

Přátelé, já nemám připravený žádný referát, protože jsem na to nebyl upozorněn, takže řeknu jenom pár slov. Nebude to žádná hospodářská ani historická sonda, na to se necítím kompetentní. Jen bych chtěl připomenout jednu věc, že od odchodu sudetských Němců podstatně ubylo věřících na území Čech i Moravy. A dodnes v tom pomezí, kde sudetští Němci bydleli, je vlastně krajina duchovně zdevastovaná a lidé se tam necítí jako doma. A zde si myslím, že může být také jeden z výchozích bodů naší vzájemné spolupráce. Sudetští Němci jsou většinou věřící, tudíž svým životem, svým přesvědčením mohou přispívat k pohledu univerzalistickému. Vidět z určitého nadhledu situaci hospodářskou, politickou, sociální i společenskou. Vy sudetští Němci jste žili posledních 50 let v systému, který je příliš zaměřen na konzum. My zde v Čechách i na Moravě prožíváme období, kdy hledáme sami sebe a kdy chybí určitý univerzální pohled na život, kdy se zdůrazňuje prosperita.

Stojíme tváří v tvář sekularizaci v celé Evropě. Není to jenom problém Československa nebo Německa. Často se zapomíná při těchto perspektivách o budoucí Evropě, že křesťanství, které vlastně tvoří kořeny evropské duchovní kultury, může v tomto smyslu přispět k nové Evropě tím, že hlásá princip solidarity, neznající hranice rasové, národnostní, sociální a jazykové. V tom vidím tedy konkrétní přínos našeho vzájemného setkávání. A co mě u sudetských Němců velmi oslovuje, to hluboké vědomí domova, že je to už 50 let po vyhnání a přesto cítí kořeny domova. Nám Čechům někdy vědomí domova chybí. Já nejsem vyznavač kosmopolitizace. Člověk může být tolerantní, může být vnímavý tehdy, když ví kde je. A ten, kdo vytváří domov, tak také rád přijímá hosty, tak se také těší z toho, že může někoho přivítat a zároveň zase, že může někoho navštívit. Takže vy Němci, můžete nám pomoci právě v prohloubení vědomí domova, protože lidé hlavně v pohraničí se pořád necítí doma. Jsou tam stále na přežití jako vystěhovalci, a to není dobré.

Ještě bych chtěl zdůraznit, že my Češi Vás zase můžeme oslovit tím, co jsme zažili v minulých 40 letech, že za přesvědčení se platí. Že člověk, když chce sloužit, že to musí spojit s určitou obětí, s ochotou něco objevovat. Vy jste podstoupili oběť vyhnání, my jsme podstoupili oběť za své přesvědčení, a v této rovině já vidím to podstatné, čím můžeme obohatit sami sebe. Já bych neviděl východisko hned ve vytvoření nějakého regionu, to je duchovně i kulturně, politicky i hospodářsky velmi složitá záležitost. Ale vidím to především v obyčejných kontaktech, což už se naštěstí děje. V pohraničí jsou zpustošené kostely, kulturní památky a vím, že mnohé z nich jsou dneska opravovány s pomocí sudetských Němců. To je tedy konkrétní spolupráce, vytváření domova, kde najednou přestávají vadit jazykové rozdílnosti. A tady vidím šanci. Ve vytváření přátelství mezi jednotlivými obcemi nebo městy. Já bych nevytvářel plány do roku 1994 nebo do nějakého určitého data. Nás křesťany spojuje jedna víra, jedna víra v úctu k člověku, respektování jeho individuality. A pokud bychom toto přešli, pokud bychom chtěli jenom vytvářet určité plány pro celková společenství, tak zase přeskočíme tuto nutnou etapu.

Václav Houžvička

Nemám plánované větší vystoupení, nicméně rád bych polemizoval s tvrzením pana Malého, kdy říká, že většina obyvatel v pohraničí se tam necítí doma. Chtěl bych to upřesnit. Na základě dvou sociologických sond, které jsme opakovaně provedli v letech 1990–1991, jsme zkoumali i pocit domova u obyvatel v pohraničí. Upřesňuji, že to bylo ve všech pohraničních okresech sousedících s Německem a Rakouskem, tedy území bývalých Sudet. Přes 77 % obyvatel nám odpovědělo, že v pohraničí si připadají doma. Sice ho vnímají jako pohraničí, nicméně mají k němu vztah, který lze označit za domovský. Já bych na to chtěl upozornit zejména v souvislosti s tím, že by se eventuálně mohlo diskutovat o otázce opětné výměny obyvatelstva v pohraničí a vznikl by tak řetěz problémů a zla.

Marie Karpašová

Jak jistě víte, Liberec je zvláštní fenomén z hlediska historického. Tady skutečně můžeme říci, že Češi a Němci, nebo Němci a Češi dlouhá staletí spolu žili a do dneška si troufnu říci žijí. Já bych se ale v první řadě vrátila k příspěvku pana prof. R. Hilfa, kterému bych chtěla moc poděkovat za přístup z německé strany, protože my na podobných setkáních často posloucháme názory značně odlišné. Já bych hlavně chtěla říci pár slov k tomu, co by mělo být v náplni této konference. Velmi bych se přimlouvala za to, abychom už my tady se snažili vzájemně se pochopit. Před chviličkou vyplynulo, že pan Šabata a pan Malý si poněkud neporozuměli. To, co tady pan Malý řekl, to nebyl nějaký pocit, ža bychom se tady necítili doma, on se to snažil říci z takového spíše obecně lidského hlediska a domnívám se, že někteří pánové to pochopili úplně jinak. Také by se samozřejmě dalo hodně mluvit o sudetoněmeckých otázkách. Já sama tuto problematiku dělám 14 let a můžu vám říci, že pokud člověk se zahloubá do této problematiky, zjistí, že není nikterak černobílá a že mnohé postoje, které máme z obou stran, jsou často mylné. Myslím si, že je lepší z hlediska česko–německé a německo–české spolupráce hledat do budoucna to, co nás spojuje a ne se stále vracet ke střetům a nedorozuměním.

Ondřej Neff

Pan farář Malý do tohoto jednání dostal dimenzi, která mi tu doposud scházela, a to dimenzi komunity normálních lidí. Prostě občanů, obyvatel, konkrétního prostoru a konkrétních domů a na to bych rád navázal. Chtěl bych upozornit, že naše společnost je vlastně společností zklamaných lidí. Domnívám se totiž, že vývoj, který teď možná vrcholí, zklamal prakticky každého. Přirozeně nejdřív zklamal ty lidi, kteří prohráli v listopadu, ale brzy začal zklamávat i ty, co zvítězili. Já osobně se domnívám, že jediní, co nejsou zklamáni, jsou gangsteři, prostitutky, všelijaký šmelináři a veksláci, ale i to je možná klamný dojem, protože já tam v těch kruzích nemám žádné známé. Proto se domnívám, že je třeba vůči této zklamané společnosti maximální citlivosti. Je fakt, že v listopadu zvítězila koncepce, která je popřením systému zvůle, které se zúčastnil i člověk tak ušlechtilý jako byl prezident Beneš. Nechal se vmanévrovat do proslulých a ve svých výsledcích naprosto neblahých dekretů, které vedly k vyhnání lidí, kteří tady po staletí žili.

Tato koncepce byla popřena a teď je otázka, kdo tou bránou půjde, kdo sem přijde. Domnívám se, že není možné, aby se sudetští Němci dříve či později nezačali vracet. A pokud by myšlenka návratu té komunity, která, jak jsem řekl, po staletí tady působila, účastnila se na vytváření profilu tohoto prostoru, kdyby se tento návrat mohl ztotožňovat s ušlechtilým tónem vyjádřeným kupříkladu dr. R. Hilfem, tak bude jistě brzy vše v pořádku. Ale obávám se, že viditelnější a slyšitelnější jsou vždycky ty živly, které jsou svou podstatou diametrálně úplně jinde a je asi evidentní, že působení deseti takových dr. Hilfů na veřejnosti pak zvrátí jeden opilý pologramotný hlupák.

Rád bych tedy apeloval na německé přátele, aby pokračovali v tom, co dělají, aby vůči nám přistupovali s maximální ohleduplností, protože v jistém smyslu jsme všichni poranění. I když se snažíme jaksi rozumem být velmi evropští a velmi otevření, tak to srdce nám v tomto snažení ne vždycky napomáhá.

Dr. Rudolf Kučera, předseda Panevropské unie ČR, dr. Rudolf Hilf, historik, Otto Paleczek, místopředseda Ackermann - Gemeinde.

Dr. Rudolf Kučera, Vorsitzender der Paneuropäischen Union der ČR, Dr. Rudolf Hilf, Historiker, Dr. Otto Paleczek, stellv. Vorsitzender der Ackermann-Gemeinde.

Jan Sokol

Milí přátelé, chtěl bych povědět pár slov na téma dobré sousedství. Sousedství není jen záležitostí států, které jako všechny velké organismy jsou poněkud těžkopádné a podléhají určitým pokušením. To je důležitý bod této otázky. Dovedeme si představit přímou cestu k dobrému sousedství, která spočívá v tom, že se řekne: co bylo, to bylo – dnes už jsme dál a nemusíme se o to starat. To je to, čemu říkám pokušení. A myslím, že tomuto pokušení jsou vystaveny obě strany. Proč pokušení? Protože když se problému nedotkneme, nevyřešíme ho, ani nepojmenujeme – jen ho prostě obejdeme, pak to sice může za určité historické situace projít, ale vždycky je tu nebezpečí, že po nějaké době a za jiných podmínek problém znovu ožije a nečekaně se stane nepříjemným.

Jak vidím roli sudetských Němců v německo–českých vztazích? Dovolte mi úplnou otevřenost. Sudetští Němci tvoří skupinu, která je oběma stranám nepříjemná: čeří klidnou vodu a bez ní by se dalo postupovat vlastně mnohem pohodlněji. Domnívám se, že takový pocit všeobecně nemá jen česká, ale i německá strana. Na druhé straně bych chtěl zdůraznit, že právě sudetští Němci tvoří skupinu, která dnes má vlastně největší zájem na sousedství – a to na rozdíl od ostatních, kteří to celé vidí ne tak problematicky, ale jsou též motivováni. Dovolte, abych to ozřejmil malým příkladem. Byl jsem ve Svitavách, kde byl otevřen dům Ottendorefrů – dům, který tam stál jako poloviční zřícenina, jako něco, co novým obyvatelům Svitav nic neříkalo. Pak se ale pár chytrých lidí rozhodlo dům obnovit a znovu zařídit. Potřebovalo to kus odvahy, ale vyplatilo se to. Atmosféra ve Svitavách se trochu projasnila, i když to neměříme v penězích, byl to významný krok. Takto tedy vidím zvláštní roli sudetských Němců a dovolte mi říci, též roli českých skupin, které se o tyto otázky zvláště zajímají tak, že až čas od času působí nepříjemně, ale činí tak v přesvědčení, že to nakonec může mít léčivý účinek.

Teď mi dovolte dvě poznámky k tomu, co je třeba dělat. Jedna patří mým krajanům, tedy zdejším obyvatelům, ta druhá německé straně. My

Češi si musíme klást jasné, tvrdé a někdy i trapné otázky, co vlastně chceme. Velký a někdy dokonce i stísňující německý vliv je tady a bude tady – to vidí každý. A teď bychom si na české straně měli položit otázku, kterého nebezpečí se víc bojíme: nadměrné expanze příliš velkého německého vlivu, nebo naopak německého izolacionismu? O něm dnes hovořil dr. Hilf, po mém soudu velmi trefně. Před asi pěti – šesti léty jsem se ve špatné náladě pokoušel předvídat, co se stane v okamžiku, až padne komunizmus. A napadlo mne, že nejspíš můžeme čekat, že se naše země může stát smetištěm západní Evropy, včetně Německa. To je tedy má představa izolacionismu. To je to rozpoložení, kdy se říká, tady mám svůj plot – a co je za ním, to je mi jedno.

Tedy tuto otázku si musí zcela jasně položit česká strana a dříve nebo později na ni odpovědět. Snad nemusím explicitně vykládat, že to, čeho se bojím, by byl nějaký druh izolace – druh zdi oddělující Východ a Západ.

Dovolte mi ještě pár slov o pokušeních, kterým musí čelit jenom Německo. To je totiž pokušení, využít příznivé situace, kdy tu Češi stojí tak oslabeni, jako snad nikdy dřív, sice s vlastním státem a politicky samostatní, ale ve všech důležitých parametrech tak slabí jako nikdy. Kdyby německá politika a politika jednotlivých skupin měla tomuto pokušení podlehnout, pak by se měla potvrdit skeptická slova říkající, že jediné poučení z dějin je to, že se z nich nikdo nepoučil.

Zdá se mi, že téma, které jsme si zde dali, tj. českoněmecké sousedství, by mělo charakterizovat zrušení a odstranění pozůstatků zdi, která tu byla po desetiletí budována a udržována. Odstraňování a rušení zbytků té zdi je něco, co nemůže udělat stát. Zdá se mi, že tady bylo řečeno velmi důležité slovo. Pan dr. Loužil mluvil o občanské společnosti. Občanská společnost ovšem není něco, co vznikne škrtem pera. To není něco, co si napíšeme a tedy to máme. Občanská společnost je výsledek staletého úsilí občanů. I když si budeme nejvíc fandit, tak nemůžeme očekávat, že ji zde budeme mít v plnokrevné podobě dřív než po nějaké té generaci. Myslím, že je to na tom českoněmeckém problému velmi dobře vidět, jak na úrovni státních reprezentací je ta otázka příliš choulostivá a příliš nepopulární na obou stranách. A to je přesně to místo, kde by měla začít fungovat občanská společnost, to jsou ty úkoly, kterých se mají chápat občanské iniciativy, prostě občané, kteří o to stojí a nemusí nutně čekat na to, až jim to posvětí nějaké ministerstvo. To je myslím základní strategie, za kterou bych se velice přimlouval. Občanskou společnost budujeme více či méně vědomě tři roky a budeme na tom pokračovat.

Neumím si představit, že bychom ji mohli budovat jenom po hranice a dál již ne. Zdá se mi tedy, že nás čeká budování struktur, institucí, které se budou opírat víc o chuť, o odhodlání a odvahu občanů.

Z toho hlediska je zajímavá otázka inkompatibility na obou stranách hranice. A té bych se chtěl ještě všimnout. To, co působí problém, není ani zdaleka tolik inkompatibilita, dejme tomu právní nebo politická. Považuji myšlenku regionů za velmi správnou, jdoucí přesně tím správným směrem, i když se domnívám, že si budeme muset zvyknout na to, že regiony nebudou přímo součástí mezistátních jednání na nejvyšší úrovni. V čem tedy spočívá problém inkompatibility, který tady skutečně je? A tady bych se chtěl pokusit vysvětlit něco, co měl na mysli V. Malý a co zde vyvolalo určitou zajímavou odezvu. Já tu inkompatibilitu vidím v tom, že když se podívám na vesnici ve Frankenu a vesnici v Pošumaví, tak je vidět, že si lidé své okolí utvářejí odlišným způsobem. A tady vidím tu základní inkompatibilitu na obou stranách hranice, kterou je potřeba společným úsilím odstraňovat. A tady očekávám, nejen očekávám, ale vidím na vlastní oči, jak toto funguje. Já jsem v létě několik týdnů cestoval po jižní Moravě a mohl jsem sledovat, jak nenápadným jednoduchým způsobem se zajedou lidé podívat za hranice. Vracejí se a začnou si teprve dělat hlavu s tím, jak vlastně v té své obci žijí. Začnou jim vadit věci, které jim do té doby nevadily. Takto si představuji budování českoněmeckého sousedství, to jest odstraňování té dlouholeté zdi.

Jaroslav Šabata

Václav Malý a nikoliv sám, velmi správně sice zdůrazňuje, že instituce, instituty, státní organizace apod. nemohou nahradit iniciativu občanů. Ale klade se otázka, jestli institucionalizovat tuto spolupráci, jestli do ní vnášet řád. Čím méně řádů budeme mít ve vlastní zemi i v pohraničí, tím bude horší ráz privatizace, tím bude privatizace privilegovanější proces, tím se v ní budou prosazovat negativnější jevy. Všechno, co souvisí s tržní ekonomikou, bude vyvolávat ty produkty, na které narazil přítel Neff, když řekl, že jsme společností zklamaných lidí, takže tento zdánlivě jeden jediný bod jak postupovat, pokud jde o euroregiony naznačuje naprosto obecnou, řekl bych skoro filozofickopolitickou otázku přístupu k tomu, aby se občanské aktivity, občanské iniciativy dostaly na úroveň odpovídající dnešnímu času.

Petr Morávek

Byl jsem označen panem dr. Šabatou za člověka trochu doleva orientovaného. Myslím si, že úkoly, které před námi stojí, jsou daleko větší. Je nutné, aby se přestalo s jistou diferenciací, protože problémy, které musíme řešit, jsou daleko daleko vážnější a nemyslím si, že právě politické spektrum je samo o sobě schopno tyto problémy řešit. Co jsme udělali my, sociální demokraté pro vzájemné porozumění právě sudetských Němců a Čechů v místě, kde jsem působil. K tomu, kde působím dneska, se vrátím později. Byli jsme to právě my, sociální demokraté, kteří dva měsíce po tom, co pan dr. R. Hilf a dr. J. Boháč konstituovali Euroregioengrensis jsme se přihlásili chebskou deklarací k společné myšlence smíření, porozumění a vzájemného dialogu. Musíme si uvědomit, a tady bych si dovolil na Vás velice důrazně apelovat, že od těch kritických let, kdy se naše společné cesty rozešly, se zapojily do života tři generace, kterým scházela základní informace. Tři generace, které byly mystifikovány jistým způsobem vychování, kterým scházel základní informační potenciál. Dnes, jak mohu sledovat naše společné jednání, ani na takto vysoké úrovni nedochází k jednoznačné shodě, že občané českého pohraničí, bavorských pohraničních okresů a sudetští Němci dojdou během krátké doby k vyřešení sporných otázek. Na pravidelných setkáních Euroregioengrensis jsem měl možnost pozorovat, a podtrhl to jeden z jeho zakladatelů pan dr. R. Hilf, že všechny šipky (Wegweiser Deutschland) vedly směrem dovnitř do konferenčních sálů, vedly směrem k vzájemnému jednání. A právě tam byl z jeho strany apel, aby ty šipky se jednou obrátily ven, aby se obrátily mezi obyvatele, aby oslovily občany, kteří nemají vzdělání, kterým schází základní informační potenciál.

Proto jsme u nás v pohraničním městě Chebu vyvinuli nemalé úsilí, aby jsme přispěli mírou co největší k myšlence společné Evropy, k myšlence, která už nikdy nedovolí, aby z tohoto ohniska napětí vytryskly problémy nové. Byla to chebská iniciativa, která spojila mládež obou zemí k vzájemné spolupráci, ve které našli místo potomci těch pionýrských generací v dobrém i zlém. Můžu Vám říci, že v této práci nebylo rozdílu, nebylo vzpomínek, které jitřily spory, ale pozornost byla napřímena tomu, co bude dnes, co bude zítra, jakým způsobem budeme společně řešit vše, co neblahá minulost nám dala dnes do vínku. Pokud se chcete zeptat na stanovisko sociálních demokratů v prosinci, tak bych Vás prosil, ptejte se V. Gaberta, ptejte se J. Heila, ptejte se pana F. Neubauera, jaké bylo naše stanovisko. Jsou také ovšem stanoviska, která jsou širšího rozsahu, která dnes nezastává jenom sociální demokracie, za kterou teď mluvím. Chci upozornit, že mnoho a mnoho je co zlepšovat i na straně vládní koalice, aniž bych si dovolil ji nějakým způsobem proskribovat. Je velice snadné promlouvat k Vám slovy, která vy chcete slyšet, slovy, o kterých já vím, že je chcete slyšet, protože jsem se sudetskými Němci byl dva roky dnes a denně v kontaktu. Uvědomme si společně, že národy, které kdysi dělil ostnatý drát a minová pole, jsou v situaci těžké, a že my musíme skládat mozaiku příštích svých činů tak, jak to tady naznačil ve svých projevech pan dr. R. Hilf. Chtěl bych připomenout vystoupení pana faráře Malého, protože ne každé město má to štěstí jako Liberec, že to, co nám minulost zachovala, bylo solidně spravováno a mohlo být dneska převzato v poměrně dobrém stavu. Podívejte se na Ašsko, podívejte se na Chebsko a na Tachovsko. Najdete rozbité kostely, najdete zdevastované hřbitovy, najdete neúctu, a to je to, co bychom si jako pozitivní z projevu pana faráře měli vzít. To je ta myšlenka křesťanské lásky, která by nás měla vést a pomoc nám překonat věci a překonat události, překonat momentální napětí a nepřízeň. Na provincii, a to mi věřte, není problém komunikace mezi lidmi, není problém komunikace mezi radnicí, mezi školami, mezi kulturními institucemi. Komunikují drobní podnikatelé, Češi docházejí za prací do Německa, český učitel a sportovní trenér je vítán v Bavorsku. Obráceně německý podnikatel je vítán u nás. Pokud budeme posilovat tato pouta, tyto vazby, pokud učiníme a budeme mít dost trpělivosti učinit tyto drobné kroky, věřím, že se podaří, že by se měl podařit i krok největší. Věřte mi, společná Evropa dneska není až tak zvědavá na naše rozmíšky, není zvědavá na nové zdroje napětí a očekává právě od nás díky tomu, že bývalé Sudety byly jedním z nejvyspělejších částí Evropy meziválečné, abychom navázali a byli hodni toho, co nám naši předkové tady vytvořili.

Pokusme se proto soustředit ve svých diskusích na to, co nás spojuje a zkusme vážně diskutovat mezi sebou, ale nejenom mezi sebou, zkusme oslovit občana, který je ve městě Liberci, který je v Karlových Varech, který je na Chebsku, ale zkusme hledat tóny, které jsem slyšel na sudetoněmeckých dnech ve Wendlingen. Slyšel jsem je i na shromáždění sudetských Němců v Ambergu a ve všech místech, kam jste Vy sudetští Němci byli vysídleni, že jste zanechali stopy své dovednosti, že jste celý kraj poznačili svojí pílí, trpělivou prací a dovedností. Protože jenom toto je cesta, která nás povede do společné Evropy, kde bude místo i pro pravici i pro levici, ale hlavně pro demokracii, protože bez levice, nezlobte se na mě, musím si trochu přihřát svoji levicovou polévku, neexistuje ani demokratická pravicová vláda.

Václav Peřich

Nebyl jsem původně plánovaný řečník, budu tedy trochu improvizovat. Nebudu ale improvizovat naprázdno. Myšlenky, které tu zaznívají, a které chci říkat, nosím takřka neustále sebou. Vyplývá to mimo jiné z toho, že jsem dlouhá léta žil v území, kterému se říká sudetské. Nedaleko Opavy jsem byl zahradníkem na 70ha ovocném sadu, potom jsem stavěl ve Zlatých Horách, v bývalém Zuckmantlu. Někteří z Vás tato jména znají jako jména kraje, který byl plně osídlen Němci. Tedy sudetskými Němci. Mám jednu takovou velmi palčivou vzpomínku, právě ze Zlatých hor. Nedaleko Zlatých Hor, tedy Zuckmantlu, bylo poutní místo, kterému se říkalo Maria hilf, a to poutní místo pochopitelně bylo neobyčejně devastováno, neboť jak režim, tak místní obyvatelstvo, které se tam jaksi nasunulo po vyhnání Němců, nemělo k tomuto místu žádný přirozený vztah. Pouze ten, jak se u nás říkalo, zlatokopecký, tedy převážně devastační. A někdy v 2. polovině 60. let jsem tam přivedl přátele a chtěl jsem jim ukázat, jak to je krásné a pozoruhodné místo. Ve zřícenině kostela s vymlácenými okny jsme našli veliký německý nápis vyškrábaný na zdi do omítky, který zněl Bože odpusť, neboť oni nevěděli, co činí. Na mě to udělalo velmi silný dojem. Sledoval jsem potom aktivity nezávislých iniciativ, které se snažily vyslovit jakousi neoficiální a pravdivější zkušenost, co se týče odsunu. S podobnou motivací jsem se zkoušel zapojit do těch křesťanských iniciativ, které navazovaly nové kontakty s Ackermann Gemeinde. Jakmile to bylo možné, tak jsem začal připravovat určitý publicistický projekt, v němž jsem chtěl diskutovat o něco konkrétněji na ta témata, která otevřel prezident V. Havel, a která bohužel, zůstala v rovině jakéhosi mravního projektu a nedostala se za poplachovou reakci českého obyvatelstva, z nichž jedna část byla ráda, že konečně něco takového rozumného se o vyhnání řeklo, a druhá část byla šokována tím, jak chceme český národ zaprodat Němcům. To je myslím důležitý okamžik. Uvědomit si, že V. Havel rozhodně neměl v úmyslu vyvolat poplachovou reakci. V. Havel chtěl vykročit na nějakou cestu skutečného a konkrétního usmíření. Ale ve chvíli, kdy se o to pokusil, tak velmi silné skupiny obyvatelstva vyvolaly tak silný haloefekt, že to prakticky znemožnily. Mám pocit, že svůj podíl na tom nesou i některé neuvážené snahy sudetských Němců, kteří vnesli příliš radikální požadavky a zaplašily tak možnost přikročit k nějakým dalším rozumným konkrétním krokům. Rád bych to konkretizoval na osudu svého publicistického projevu. Začal jsem článkem ne dlouhým, který byl nadepsán Co je to revanšismus? A jednoduchou tezí toho článku bylo, že jestliže dneska Čech ještě obhajuje odsun, pak je vlastně daleko víc revanšista, než všichni ti, kteří jsou takto označováni řekněme bolševickým tiskem. Hned další článek měl následovat a být projektem toho, jak by se vlastně státní vlastnictví, státní majetek v sudetských končinách mohl privatizovat, zvlášť s podílem těch sudetských Němců, kteří u nás znovu chtějí najít domov. S mým návrhem kdosi vystoupil na tiskové konferenci sudetoněmeckého Landsmannschaftu a vydavatel novin prostě odmítl v projektu pokračovat.

My musíme hledat cestu, jak učinit obraz druhého partnera ve vlastním národě snesitelný. Několik pánů se zmínilo, že už to jsou tři generace. Ti lidé nejsou zakořeněni v Zlatých Horách. Já jsem tam vedl děti, takový literárně dramatický kroužek a chodil s nimi i ven, a představte si, oni neznali žádná místní jména. Tam je pole U křížku, tam je Kramářova studánka… to běžné zapuštění člověka do krajiny tam vůbec neexistovalo, protože to byla vlastně jedna generace dětí, které se tam narodily. Ti teprve ta jména vynalézali a tito lidé jsou daleko úzkostnější. To není tak, že by to byli zlí zloději, kteří si tam nakradli a devastovali ten majetek. Tito lidé se tam narodili, byli jakýmisi němými svědky devastační činnosti svých rodičů a teď teprve zkoušejí nově zakořenit. Tito lidé na Tachovsku, na Mariánskolázeňsku se hrozně ucházejí o to, aby dostali pracovní povolení na tzv. pendlování, ale přitom tato ekonomická výhoda zcela paradoxně přináší psychologickou nevýhodu. Oni za podstatně nižší mzdu než je běžný kvalifikační standart, dělají práce, které jsou pod jejich kvalifikační úroveň, za tu cenu, že si mimořádně hodně vydělají. A tento mimořádný výdělek přivezou domů a stávají se terčem závisti svých spoluobčanů. Oni sami jsou rádi, protože kvůli tomuto rozdílu to dělají. Přesto nosí v sobě jakousi bolest z toho, že jsou tady pracovníky druhého řádu. Takoví ti pendleři. Musíme vymýšlet konkrétní projekty nápravy, které nejsou nějakými deklaracemi nebo něco takového.

Marie Karpašová

Já bych k tomu chtěla říci několik vět, protože se mi zdá, že jsme tady rozkryli celé klubko problémů, které sice spolu souvisí, ale jsou tak složité, že asi těžce se nám podaří dospět k nějakým solidním závěrům. Byl tady vzpomínán prezident V. Havel. Václav Havel se omlouval sudetským Němcům jako občan Havel. Kdo podrobně sleduje naši politickou scénu, ví, že potom vystoupil jako prezident V. Havel. To stanovisko bylo trošku odlišné. Já jako historička jsem to velice bedlivě studovala. To je jedna věc. Druhá věc je, že to byla ruka nabídnutá sudetským Němcům. Já osobně se touto problematikou skutečně zabývám 14 let a domnívám se, že nelze problémy sudetských Němců shazovat ze stolu. Zabývám se profesně českoněmeckými vztahy. Mluvím o tom proto, že momentálně vyvstala v České republice problematika občanství, dvojího občanství Slováků. Proto to chápu lépe mentálně, ačkoliv jsme si to nikdy nepřipouštěli. Já jsem některá svá stanoviska musela přehodnotit a sama jsem přišla na to, co asi musí cítit sudetští Němci i dnes po tolika letech, po vysídlení z těchto oblastí. My neradi slyšíme slovo Vertreibung. Je to pravda, u nás se užívá radši odsun neboli transport. To jsou další věci, to jsou takové jemné nuance, ale myslím si, že kolegové z Německa mě velmi dobře chápou. Myslím si, že pokud tady budeme otvírat takové ty věci, že se budeme dívat na levou nebo na pravou stranu politického spektra, nebo vůbec na momentální politickou situaci u nás. V Československu neboli chcete v rodícím se Českém státě prozatím a řekněme si to konečně otevřeně, žádná demokracie neexistuje. Všimněte si, jak si kolegové jednotlivých politických stran vzájemně dokáží vysvětlovat věci. Já se někdy musím hluboce stydět. To není politická kultura. To se nedá naučit za tři roky, proto asi přátelé z Německa musí trošku pochopit, že jsme na začátku cesty a že taky někdy s námi musí mít trpělivost. Já jenom za odborníky, za historiky si dovolím říci, a hlavně za Liberecko, že my se zabýváme těmito problémy, připravujeme velikou publikaci, která se bude týkat i odsunu Němců z Liberecka. Měla by vyjít v příštím roce a myslím si, že potom bude v Liberci víc o čem mluvit. Je pravdou, že ani můj 11letý syn nic o těchto problémech neví, ale já jsem se narodila v roce 1954 a ani na vysoké škole mě neučili moc o této problematice.

Václav Houžvička

Nebudu mluvit pouze za sebe, ale za tým kolegů, s nimiž zkoumáme české pohraničí. Náš program dlouhodobě koncipovaný již běží dva roky pod názvem České pohraničí v procesu evropské integrace. Některé dílčí i souhrnné výsledky sociologického výzkumu, který byl prováděn ve všech pohraničních okresech, hraničních s německy mluvícími zeměmi, už byl publikován a myslím si, že jste s některými výsledky byli seznámeni. Někteří z Vás jste měli možnost se seznámit s výsledky na konferenci v Jihlavě, konferenci o zamlčené národnosti. Já bych dnes nechtěl opakovat čísla, která sama o sobě možná mohou být nudná, ale ta čísla o něčem vypovídají a z toho lze vyvozovat některé souvislosti a úvahy.

Dovolte mi proto jednu úvahu, která by Vám měla přiblížit stav společenského vědomí lidí v českém pohraničí. Území, o němž se mluví a mluvit bude a území, které v podstatě je předmětem Vašeho zájmu bude v blízké budoucnosti hrát daleko větší roli než hraje dnes. Nejen tu pozitivní v souvislosti s kooperací přes hraniční spolupráci, ale také v souvislosti s tím, že je to území, o něž byl spor v minulých letech. Nicméně, já se nemíním pouštět do rozebírání historických okolností toho, co se odehrálo v českém pohraničí od 30. let až do současnosti. Chtěl bych, na základě našich údajů, Vás upozornit na zvláštní vztah společnosti v Československu, zejména na zvláštní vztah mysli a postojů lidí v českém pohraničí. Je poznamenáno odsunem, a to v tom smyslu, že některé oblasti do dnešních dnů nebyly plně osídleny a pokud byly osídleny, tak nikoliv kvalitativně odpovídající strukturou obyvatelstva. Na tomto území se současná komplikovaná situace velice silně projevuje v tom smyslu, že se navrací tržní hospodářství a konkurence, což je nesmírně hluboký zlom v myšlení lidí. Je to nápor na jejich možnosti a schopnosti se přizpůsobit novým životním a ekonomickým podmínkám. Z tohoto náporu plyne v mnoha případech jakýsi pocit ohrožení. Více než 80 % lidí si připadá ohroženo nezaměstnaností. To jsou údaje

61

z loňska, kdy ekonomická situace ještě zdaleka nebyla tak dramatická jako v této chvíli, kdy se očekává vlna bankrotů. V souvislosti s tím lze předpokládat v průběhu příštího roku růst nezaměstnanosti až na 10 %. Nervozita ve společnosti plyne ze špatné hospodářské situace. Upozorňuji na to z toho důvodu, že obyvatelé v pohraničí budou v dalším pokračujícím českoněmeckém dialogu hrát významnou roli a v podstatě budou partnerem německé straně. Samozřejmě každá strana musí určitým způsobem ustoupit a východisko je v tom, na co už upozornil dr. Hilf i pan dr. Pechl, že je potřeba vcítit se do psychiky a způsobu uvažování partnerské strany. Je zde požadavek ze strany sudetoněmeckého Landsmannschaftu, aby nějakým způsobem byla urovnána otázka mezi Čechy a Němci, aby se určitým způsobem léčila rána otevřená vysídlením sudetských Němců z pohraničních území.

Já bych chtěl upozornit, že tento požadavek přichází právě do tohoto prostředí, které je nesmírně nervózní. Československo v této chvíli má řadu problémů. Jednání vyžaduje silného, sebevědomého partnera, který si může dovolit i velkorysé ústupky. Já chci tady důrazně říci a upozornit, že Československo v tuto chvíli tímto partnerem není. Bude to nějakou chvíli trvat, než se jím stane. My jsme například zkoumali obraz Němce v očích českých obyvatel, ale zkoumali jsme také sebevědomí Čechů a posuzování sebe sama a svých schopností a možností. Zde prosím Vás, jsou tak alarmující údaje, že v podstatě z toho plyne, že české obyvatelstvo má do značné míry podlomené sebevědomí z různých důvodů. Skutečně si myslím, přestože se o tom diskrétně nemluví, že tady existuje veliký pocit viny za to, co se odehrálo po roce 1948. Ty věci jsou velice složité a otevřené. Chci upozornit, že v této chvíli v Československu nebo v Čechách je otevřeno úplně všechno. Tady je otevřená samotná státní existence, je otevřená ekonomika a její další vývoj, mezinárodní role nového státu na mezinárodní scéně není definována, hledá se nová česká identita. Jestliže do této nervózní atmosféry vstoupí požadavek sudetských Němců, formulován tak, jak je třeba formulován panem Neubauerem, tak může vyvolat úplně obrácenou reakci a může poškodit českoněmecké vztahy. Mohl by vyvolat nacionalistické tendence v českém pohraničí, které tam, podle našich výzkumů, nejsou nebo jsou slabé… To byl jeden z poznatků, který nás velice překvapil, že ten vstřícný vztah Čechů vůči Němcům byl velice dobrý. Češi do značné míry umí němčinu nebo se učí němčinu. Zkoumali jsme vztah k němectví, k fenoménu němectví, k německé kultuře, k německému jazyku. Za této ekonomické situace řada obyvatel pohraničí si slibuje zlepšení své ekonomické situace tím, že získají možnost pracovat v Německu nebo pracovat v německé firmě.

Požadavky ze strany sudetských Němců by měly být naprosto jasně definovány v tom smyslu, že se jedná o morální satisfakci, která je naprosto pochopitelná, ale to nikdo neřekl zcela jednoznačně ani z německé strany, ani z české strany. Chtěl bych apelovat na základě poznatků našeho výzkumu na to, aby ze strany sudetských Němců byla projevena trpělivost a právě ta schopnost vcítit se do toho současného, do té situace a způsobu myšlení Čechů, kteří se v tomto nacházejí. Německo je opět kontinentální mocností a přirozenou reakcí na české straně je pocit ohrožení. Jestli tento pocit ohrožení má nebo nemá opodstatnění, to je druhá věc. Já mluvím o té emotivní složce uvažování lidí v pohraničí, kteří jsou si vědomi toho, že jsou v území, které by mohlo přicházet v úvahu pro českoněmecké vyrovnání.

Takže to je několik poznámek z výsledků výzkumu. Chceme v programu výzkumu pohraničí pokračovat, protože ho považujeme za nosný. Také jsme nalezli několik partnerů z univerzit v Göttingennu a v Bayreuthu, kteří velmi úzce s námi spolupracují. Podílíme se i na projektech v regiu Egrensis a domnívám se, že je v českoněmeckých vztazích veliká budoucnost. Je ale potřeba, aby některé věci z české strany měly čas uzrát.

Víte dobře, že včera tady padla zmínka o tom, že dosud není ujasněno stanovisko české vlády k euroregionům. Zdali euroregion ano či ne. Pražská centrální byrokracie se cítí ohrožena do určité míry tím, že budou některé kompetence přeneseny na regiony.

Chci upozornit na to, že je potřeba z německé strany trpělivosti a porozumění pro to, co se v Čechách děje. Ptali jsme se i na to, zdali by lidé souhlasili s tím, aby se sudetští Němci vraceli do pohraničních území. Situace je dynamická, jsou to údaje z června, návrat Němců do vlastní obce by uvítalo 3,4 % obyvatel, je mi to jedno odpovídá 25 % obyvatel, jsem proti návratu Němců odpovídá 45 % obyvatel, nevíme odpovídá 26 % obyvatel. Tady může být upozorněno na to, že lidé odpovídají zcela účelově, protože obývají bývalé německé majetky, a tak si prostě nepřejí návrat Němců. Dělali jsme srovnání i s výzkumem, který byl prováděn ve vnitrozemí Čech, kde tato souvislost není a výsledky jsou v podstatě stejné. Návrat Němců do Čech si nepřeje víc než 50 % obyvatelstva. Osobně se domnívám, že se tyto věci v čase a prostoru budou měnit, je třeba trpělivosti.

Josef Byrtus

Jak já chápu euroregionální spolupráci, jsem si dovolil říci již na konferenci v Jihlavě, na jaře tohoto roku. Hovoříme o nedostatku právní úpravy na české straně, která neumožňuje v plném rozsahu dosáhnout toho, aby regionální spolupráce byla na takové úrovni, jakou zaslouží. Nikdy nebude příslušet státu, aby řídil regionální spolupráci při hraničních oblastech. To musí být věc regionů, které budou vybaveny pravomocí, budou mít kompetence, ale také odpovědnost. Naše zákonodárství má celou řadu chyb. Jednou z těchto chyb je i to, že není zatím zcela kompatibilní s evropským zákonodárstvím. Již je ale zadán úkol dosáhnout harmonizace českého právního řádu s právním řádem obvyklým v zemích evropských společenství.

A teď konkrétně k otázce euroregionální spolupráce. Jestliže jsme v rámci regionální činnosti plně akceptovali myšlenku, že východní hranice ve smyslu maastrichtských dohod evropských společenství by měla být zajištěna proti velkému přílivu z východních a jihovýchodních oblastí, pak samozřejmě se to týká bezprostředně také německé a české hranice. Vyplývá z toho dvojí přístup. Ten první je přístup státní politiky k řešení problémů regionálního rozvoje v oblasti společných hranic. Mezi Českou republikou a Bavorskem existuje právní úprava podepsaná ještě premiérem předchozí vlády panem Maxem Streiblem o spolupráci svobodného státu Bavorska a České republiky a důsledně se plní a bude se plnit i nadále. Chybí nám dokument na českosaské straně. Je třeba říci, že i tady je potřeba tak vysoká, že k řešení dojde. To je tedy z pohledu státní politiky, která musí vytvořit předpoklady pro rozvoj spolupráce regionů a jestliže nebude vytvářet vůbec nic, pak velkým plusem je, že nebude do této spolupráce zasahovat, když už nechce pomoci.

P. Anton Otte

Jsme tady pohromadě Češi a Němci a věnovali jsme se jednomu traumatu, který naše vztahy zatěžuje, a sice traumatu odsunu, traumatu vyhnání.

Ale nemluvili jsme zde o dalším traumatu, které také existuje, a to je trauma Mnichova. My si jako sudetoněmci samozřejmě uvědomujeme, že o tomto traumatu budeme taky mezi sebou mluvit a doufám, že k tomu dojde v dohledné době.

Jaroslav Šabata

Existují otazníky nad tím, na kolik byl Mnichov či nebyl Mnichov legitimním aktem na mezinárodně politické scéně. K tomu mířila jedna z posledních poznámek, kterou přednesl představitel Ackermann Gemeinde. Jsem velmi vděčný, že ji zde přednesl. Z toho ovšem zároveň vyplývá, že zpracováváme minulost se zřetelem k budoucnosti. Předsudky všeho druhu jsou tématem širokého dialogového společenství, zvláště s ohledem na veřejnost. To bylo zdůrazněno v diskusi, že zde existuje poměrně značný okruh lidí, kteří mají smysl pro integrační procesy v Evropě i v těch subtilních a velmi choulostivých polohách. Stále nedostatečně se ale působí směrem do veřejnosti, což klade pochopitelně i otázku aktivit, spoluúčasti medií všeho druhu, zvláště těch nejvlivnějších.

Dvě poznámky k dotazům. První navazuje na to, co řekl právě pan farář Otte. Lze ji shrnout do hesla, které vyslovil pan dr. R. Hilf „pryč se strašidly". Musíme si uvědomit reálnou situaci a prolomit celou soustavu předsudků, tedy strašidel. To je naše společné a hluboké přesvědčení.

Za druhé: pojem kulatý stůl. To, k čemu zde vyzýváme, je kulatý stůl, tedy shromáždění těch, kdož chtějí vést rozhovor. Je známo stanovisko české vlády, vyjádřené v předvečer tohoto semináře, že onen kulatý stůl, k jehož ustavení byla česká vláda sudetoněmeckým Landsmannschaftem vyzývána, není to, co by považovala česká vláda za aktuální. Jejím partnerem je Bonn, jak bylo řečeno v jiné souvislosti.

Rudolf Hilf

Man hat mir die Aufgabe zugeteilt, generell über „Deutsche und Tschechen" mit dem Untertitel „Anmerkungen zur aktuellen Situation" das Eingangsreferat zu halten. In der gleichen Tagung finden noch zwei andere Panels mit den Titeln „Tschechen und Sudetendeutsche" und „Bayern, Sachsen und die Tschechische Republik" statt. Zu allen drei Titeln muß ich gleich eine Vorbemerkung machen:

Zu „Deutsche und Tschechen – Anmerkungen zur aktuellen Situation" möge es mir gestattet sein, mindestens anfangs einmal in die Geschichte zurückgreifen, denn ohne zu sehen, woher die Gegenwart kommt, wird man niemals die Zukunft zureichend in den Griff bekommen. Im Hier und Jetzt fallen zwar die Entscheidungen: Wer sich aber selbst von der Vergangenheit abschneidet, wird auch keine Zukunft haben, jedenfalls keine sehr langdauernde. Was war, ist nicht nur Staub und Asche.

Zu den anderen zwei Themen: Sie überschneiden sich alle drei und es ist deshalb unvermeidlich, daß man da und dort hin und wieder im anderen Thema „wildern" geht oder daß Dinge wiederholt werden. Dafür bitte ich schon jetzt um Vergebung.

Sie werden mir trotzdem erlauben, gleich eingangs das aktuelle Thema von der Geschichte her zu beginnen, ohne daß Sie befürchten müssen, nun einen Geschichtsvortrag zu hören. Es geht mir um die großen Linien, die zur Gegenwart hinführen. Ich fasse nur in einigen Thesen zusammen:

Die Gemeinschaft von Tschechen und Deutschen im Bereich der Länder der Böhmischen Krone umfaßte mehr als 800 Jahre und war die einzige wirkliche deutsch–slawische Symbiose in Europa nach dem Urteil der deutschen Geschichtswissenschaft. Tatsache ist, daß von dieser Geschichte her in ganz Europa keine zwei anderen Völker einander sich gegenseitig so durchdrungen haben und damit einander so nahestehen wie Deutsche und Tschechen. Es ist kein Zufall, daß der

Přemyslide Otakar II. nach der Kaiserkrone greifen konnte und unter den Luxemburgern Prag zum Zentrum des Sacrum Imperium Romanum werden konnte, das wohlgemerkt kein „Deutsches Reich", kein deutscher Nationalstaat war.

Als nach der Schlacht am Weißen Berge die Führung an Wien überging, wurde das gesamte deutsch–tschechische Verhältnis durch Österreich mediatisiert. Bis 1918 gab es keine direkten deutsch–tschechischen Beziehungen – wie im reichischen Mittelalter und in der hussitischen Zeit – mehr, sondern nur noch innerstaatlich böhmische und nach außen durch Österreich vermittelte.

Erst ab 1918 – mit der Gründung der Tschechoslowakischen Republik – gibt es wieder, wie im Mittelalter, die direkte deutsch–tschechische Beziehung und zwar bis zum heutigen Tag und sicherlich auch für alle voraussehbare Zukunft. So Gott will, für das nächste Jahrtausend.

Die Rückkehr zu den direkten Beziehungen stand aber, im Gegensatz zur staufisch–přemyslidischen Zeit unter einem Unglücksstern: Sie waren durch den Ersten Weltkrieg vorgeprägt und sie gründeten auf der deutschen Niederlage im Ersten Weltkrieg. Die Tschechoslowakei entstand als Teil des französischen Sicherheitssytems und von vornherein war klar, daß ihr Schicksal auf dem Spiel stand, sobald dieses Sicherheitssystem zusammenbrechen würde. Das Sicherheitssystem fußte aber darauf, daß zwei europäische Großmächte – Deutschland und Rußland – (Deutschland durch die militärische Niederlage und Rußland durch Burgerkrieg und nachfolgende Revolution) grundsätzlich ausgeschaltet blieben bzw. nicht mächtig genug werden würden, um allein oder gemeinsam die Revision dieses Sicherheitssystems zu betreiben, wie es später auch gekommen ist. Der Frieden von 1919 war deshalb kein Frieden, sondern nur ein Waffenstillstand und die deutsch–tschechischen Beziehungen standen auf sehr brüchigem Fundament.

Als dann 1938 das französische Sicherheitssystem wie ein Kartenhaus zusammenfiel, hätte die Stunde der Deutschen kommen können, Frieden zu machen. Sie waren aber dazu ebensowenig in der Lage wie 1919 die Franzosen. Wollten aber die Franzosen nur Sicherheit für den status quo des Sieges von 1919, so wollten die Deutschen nicht nur Revision, sondern Hegemonie, Eroberung vor allem im Osten, was das Gegenteil von Frieden war. Das führte dann geradewegs in den Zweiten Weltkrieg.

Die nächste Chance, Frieden zu machen, kam 1945. Sie war sehr klein, denn der Krieg hatte nicht nur den Haß der Völker zu beispiellosen Maßlosigkeiten getrieben, sondern ein Ergebnis war, daß nur zwei Globalmächte übrigblieben – die amerikanische und die sowjetische – und beide standen einander unbeweglich nahezu ein halbes Jahrhundert an der Linie gegenüber, an der die deutschen Armeen kapituliert hatten, unfähig, Frieden zu machen. Zwei Deutschlands entstanden in der Folge und die gesamten deutsch–tschechischen Beziehungen besaßen vor 1990 überhaupt keine Eigenständigkeit, sondern waren nur sich wandelnde Formen der Verhältnisse der beiden Militärpakte zueinander. Belastet war dieses deutsch–tschechische Sekundärverhältnis aber nicht nur durch die deutsche Gewalttat gegen die Tschechen von 1938 – die Teilung des tausendjährigen Böhmens – und die Verweigerung der tschechischen Staatlichkeit 1939 –, sondern durch die Vertreibung der deutschen Bevölkerung der böhmischen Länder aus ihrer 800jährigen Heimat. Diese Vertreibung war ein Racheakt Beneš's, dem die Sowjets übrigens erst als letzte Ende 1943 zugestimmt hatten, die aber von Stalin sehr schnell als das begriffen wurden, was sie strategisch waren: ein Instrument, die tschechische Nation an das Ostimperium durch die Furcht vor einer deutschen Revanche zu binden. Die deutsch–tschechischen Beziehungen, die im Auf und Ab der Geschichte doch überwiegend eine positive und fruchtbare Bedeutung für beide Seiten hatten, sollten ein für alle Mal auf Haß und Furcht reduziert werden. Das war die Bdeutung des „odsun".

Seit der zweiten Hälfte des vergangenen Jahrzehnts – seit Gorbatschow – ändert sich zum vierten Mal in diesem Jahrhundert die politisch–strategische Großwetterlage: die sowjetische Globalmacht zerbricht von innen her; in Deutschland behauptet nur die westliche Staatsform das Feld; die sowjetischen Armeen müssen angesichts des inneren Zusammenbruchs das ganze Glacis von der Elbe bis zum Schwarzen Meer räumen. Das ist die erste wirkliche Chance, die tschechisch–deutschen Beziehungen auf ein neues, nicht mehr fremdbestimmtes, unabhängiges Fundament zu stellen. Die Tschechen wollen nach Europa. Das kann nicht ohne und gegen oder über die Deutschen hinweg geschehen. Insofern ist die Lage anders als 1919. Was also geschehen muß, das sehen beide Seiten durchaus klar, ist, die Hindernisse aus der Vergangenheit – den Schutt von 1938/39 und den Schutt von 1945/46 – vom Baugrund wegzuräumen, bevor man bauen kann. Das ist bezüglich 1938/39 leicht, denn Grenzen kann man in Verträgen mit einem Federstrich verändern. Das ist hinsichtlich der Vertreibung und Enteignung einer Millionenbevölkerung sehr schwer, denn hier kommen auf beiden Seiten nicht nur Emotionen ganzer Bevölkerungsschichten ins Spiel, sondern es brechen auch die alten Wunden wieder auf. Wie kann man aber trotz alledem Frieden schaffen? Das ist die wirklich große Aufgabe unserer Zeit. Gelingt sie nicht, haben Hitler und Stalin trotz allem gesiegt, denn in einem immer unruhiger und instabiler werdenden Europa, in dem vom Osten her die Nationalitätenkonflikte mit unerhörter Wucht bis hin zum Krieg wieder aufbrechen und sich wie ein Steppenbrand verbreiten können, wäre dieser ungelöste deutsch–tschechische Konflikt nicht eine Leiche, die man zwar im Keller hat, die man aber vergißt und die man psychologisch verdrängt, sondern eher eine tief eingegrabene riesige Landmine, deren Zünder nach einiger Zeit durchrostet und die dann unvermittelt hochgeht. Zumindest dann, wenn vom Osten her gesehen halb Europa zu brennen beginnt.

Wie sind die beiden Staaten bisher damit fertig geworden? Ich meine hier den Nachbarschaftsvertrag. Es gibt hier nur ein Urteil: „unzureichend". Er ist zwar ein guter Anfang, und ich habe ihn öffentlich vor allem wegen seines Artikels XIII (des Versprechens der Förderung der regionalen grenzüberschreitenden Zusammenarbeit) bejaht, das eigentliche vorgenannte Problem vermeidet er aber peinlich. Es wurde auf einen Briefwechsel reduziert, der mögliche Verhandlungen am St. Nimmerleinstag verspricht, wie ein russisches Sprichwort sagt: posle doschdika w tschetwerg – „nach dem kleinen Regen am Donnerstag" – das heißt „Niemals". Wahrscheinlich hofften beide Vertragsschließende, dieses unhandliche Problem billig vom Tisch zu bekommen. Ein paar politische Beruhigungspillen nach innen und außen würden ausreichen. Aber das hat man schon vier Jahrzehnte lang geglaubt und trotzdem war über Nacht die ganze Frage wieder da. Wie aber wird es erst in einem Europa sein, das sich – ob mit oder ohne Maastricht – offensichtlich destabilisiert und wo von Osten her ganze nationale Flächenbrände drohen bis hin zu direkten Kriegen?! Und wie, wenn sich nach 1994 Deutschland sukzessive destabilisiert? Das ist bereits fast mit Händen zu greifen. Wenn das geschieht, dann haben wir beide – Deutsche und Tschechen – zwischen 1990 und 1994 wieder eine Chance vertan. Von der Schuld daran kann man nur Václav Havel ausnehmen, denn er hat das getan, was Voraussetzung jeder Lösung sein mußte: er brach das Tabu; nicht nur eine moralische, sondern eine staatsmännische Tat, ebenbürtig dem Abbau des Stacheldrahts, der Minenfelder und Wachtürme an der

Grenze. Mit diesem Satz werde ich aber die sudetendeutsch–tschechische Problematik verlassen und wieder ins politisch–strategische Feld des Verhältnisses der Staaten zurückkehren.

Was hat sich gegenüber der Großwetterlage von 1919, 1938 und 1945 verändert? Folgendes:

Das Zeitalter der innereuropäischen Kriege zwischen den Deutschen und den Westeuropäern ist definitiv zu Ende. Nur auf unbedeutenden Nebenschauplätzen kann man noch den einen gegen den anderen ausspielen oder Profit machen.

Die Deutschen sind wieder in eine zentrale Schlüsselposition eingerückt. Ohne oder gegen sie entsteht Europa nicht. Darin liegt aber auch die gegenteilige Gefahr verbunden, daß durch sie Europa wieder scheitern kann, wenn sie nach 1994 einen national–egoistischen Kurs einschlagen, wofür es durchaus Anzeichen gibt, wenngleich die Weichen noch nicht gestellt sind. Nebenbei bemerkt, in einem solchen Fall würde der sudetendeutsch–tschechische Konflikt automatisch vergrößert, nicht verkleinert, die Lösung erschwert, nicht erleichtert, generell die Atmosphäre vergiftet.

Die Deutschen sind bis auf weiteres der unabkömmliche Partner Nr. 1 der Amerikaner auf dem Kontinent, denn wenn die Deutschen nicht mehr zur NATO hielten, würden die Amerikaner den Kontinent verlassen bzw. verlassen müssen.

In dieser neuen Konstellation wird für die Deutschen dreierlei gleichzeitig und vorrangig möglich:

1. die auf Interessenübereinstimmung nicht zuletzt militärischer Art gründende Partnerschaft mit den USA;
2. die auf Interessenübereinstimmung gründende Partnerschaft mit Frankreich. Beide wissen, daß sie nur zusammen in der Weltpolitik mitreden können. Sie brauchen einander;
3. die auf Interessenübereinstimmung gründende Partnerschaft mit Rußland, denn die Russen brauchen die Deutschen aus wirtschaftlichen Gründen und die Deutschen brauchen die Russen aus Gründen der militärischen Sicherheit.

Und eines möchte ich bei dieser Gelegenheit noch betonen: Die Russen werden ebenso auf die weltpolitische Bühne als eine Großmacht zurückkehren, wenn auch im Moment alles eher in Richtung Chaos geht, wie auch die Deutschen wieder auf diese Bühne zurückgekehrt sind. Die dümmste Politik ist seit jeher, Siege, noch dazu solche, die einem nur in den Schoß gefallen sind, bis zum Exzeß auszunutzen. Früher, viel früher, als noch Herren miteinander Krieg geführt haben, hat man es immer gewußt, daß man Krieg nur führt, um Frieden zu machen, einen anderen vielleicht als den vorhergehenden, aber immerhin echten Frieden, nicht Vernichtung und Bestrafung, wie es seit jeher die Massen wollen, die eine „heilige Sache", Kreuzzüge als Motiv brauchen und dementsprechend nach Blut dürsten.

In diesem geographisch–historisch–geometrischen dynamischen Beziehungsgeflecht ist nun das ebenso dynamische deutsch–tschechische Verhältnis eingebettet. Es existiert nicht als eine selbstgenügsame Insel der Seligen, und seine Optionen sind für beide Seiten begrenzt. Damit bin ich beim letzten Punkt: Was kann geschehen? und Was soll geschehen?

Geschehen kann folgendes:

Wenn man die Dinge einfach laufen läßt, wird nach 1994 ein nach innen finanziell schwer belastetes Deutschland Prioritäten setzen, die dem oben Gesagten entsprechen: d.h. Kooperation mit den USA, Kooperation mit Frankreich und Kooperation mit Rußland. Alles andere ist sekundär und bleibt gegebenenfalls unberücksichtigt.

Wenn der innenpolitische Trend in Deutschland so weitergeht wie in den letzten zwei Jahren, wird ein national–egoistisches Deutschland entstehen, das ablehnt, weiterhin der „Zahlmeister Europas" zu sein. Einer großen Koalition in der Mitte wird ein aktionistischer Radikalismus von Links und Rechts, vor allem aber von Rechts, gegenüberstehen, der Einfluß auf den Gesamtkurs haben wird. Dabei braucht zwar niemand im Ausland, also auch nicht Böhmen, Angst davor zu haben, daß die Deutschen wieder „marschieren" werden. Nein, das werden sie nicht; soviel haben sie dazugelernt. Der neue nationale Egoismus wird sich vom vergangenen dadurch unterscheiden, daß er nicht mehr erobern will, sondern sich auf sich selbst zurückzieht: sozusagen „Laß die anderen in ihrem eigenen Saft schmoren. Was geht das uns an?!". Betont werden dann allein die deutschen Interessen und die deutschen Forderungen und es ist vorauszusehen, daß dann das eben immer noch vorhandene Problem der Vertreibung und Enteignung der Sudetendeutschen die deutsch–tschechischen Beziehungen auf den Gefrierpunkt bringen wird. Zum wirtschaftlichen Egoismus, der ja das Gesetz des Kapitalismus ist, wird der nationale Egoismus kommen. Es braucht nicht so zu kommen. Es kommt aber mit Sicherheit so, wenn man nichts Zureichendes rechtzeitig dagegen tut:

Was also sollte geschehen:

Die vorerwähnten drei Prioritäten für die Deutschen – USA, Frankreich, Rußland – sind unabdingbare Konstanten. Hinzukommen müßte aber eine vierte Konstante: Das Bewußtsein, daß Deutschland nicht sicher sein kann, wenn das östliche Mitteleuropa instabil bleibt oder wird. Also eine vierte Interessenübereinstimmung. Und hier spielen die deutsch–tschechischen Beziehungen nicht nur auf wirtschaftlichem und sozialem, sondern auch auf dem Gebiet militärischer Sicherheit die Schlüsselrolle, obwohl davon auch die Polen und soviel wie möglich vom Donauraum und Südosten mitbetroffen sind.

Ich gehe aber noch einen Schritt weiter: Während die vorgenannten drei Konstanten für die deutsche Politik eben nur Interessenübereinstimmungen sind, auf die je nach Lage wechselnde Akzente gesetzt werden können, könnte die vierte Konstante, deren Kern das deutsch–tschechische Verhältnis ist, eine qualitative Veränderung bedeuten und damit eine Innovation, die die Mitte Europas dauerhaft stabilisiert und damit den Eintritt der Tschechischen Republik in die Europäische Gemeinschaft auf allen Gebieten praktisch vorwegnimmt. Das ist die große Chance, wenn man sie auf beiden Seiten begreift, ja ES IST EINE NOTWENDIGKEIT. Und deshalb müssen die sudetendeutschen Fragen möglichst rasch, vor allem aber einvernehmlich und auf Frieden abzielend vom Tisch. Und deshalb ist auch die Verklammerung in der Egrensis wichtig.

Mehr als für alle anderen sind gerade im deutsch–tschechischen Fall auf allen Gebieten die besten Voraussetzungen vorhanden, wenn als Voraussetzung die noch bestehenden Hindernisse bis 1995 beiderseits hinweggeräumt und neue Weichen gestellt werden:

Das Hindernis par excellence sind dabei die „sudetendeutschen Fragen" (ich verwende bewußt die Mehrzahlform, weil es die „Sudetenfrage" im Sinne von 1938 und 1945 nicht mehr gibt, höchstens in einem beiderseits falschen Bewußtsein).

Hier läge es im beiderseitigen Interesse, innerhalb der nächsten zwei Jahre eine Regelung zu finden, die von einem „Mindestkonsens" ausgehend ein begrenztes „Modell" schafft, in dem von beiden Seiten ohne Risiken und ohne Ressentiments getestet werden kann, was geht und was nicht geht.

Schließlich ist die bestmögliche Strategie gegen den Rückfall in den nationalen Egoismus der Staaten die Verklammerung in einer grenzüberschreitenden Region. Natürlich denke ich da an das Bindeglied der Euroregio Egrensis, die Bayern, die Tschechische Republik und Sachsen miteinander zusammenspannt. Allerdings gibt es auch hier einen Vorbehalt: Es muß eine wirklich grenzüberschreitende Europäische Region sein, mit gemeinsamen Organen wie in der deutsch–holländischen und der deutsch–französisch–schweizerischen Regio Basilensis. Ohne gemeinsame Organe kein Geld aus Brüssel, und ohne gemeinsame Organe würde alles nur zu einer Fassade, die auch deutsches Interesse nicht mehr lohnt.

Die Geschichte wiederholt sich nicht. Es gibt aber Analogien. Zwischen 1919 und 1938 waren 20 Jahre Zeit, von denen mindestens 15 von der die Macht besitzenden tschechischen Regierung hätten benützt werden können. Bis 1935 unterstützte die Mehrheit der Sudetendeutschen namlich die staatsbejahenden aktivistischen Parteien. In Prag dachte man aber nicht daran, einen Kompromiß zu schließen, man fühlte sich durch ausländische Mächte sehr bequem gesichert. Nach 1935 war es bereits zu spät. Dank Václav Havels Durchbrechung des Tabus wurde 1989/90 nochmals der Weg für eine Chance geöffnet. Daß er leicht ist, kann niemand behaupten, daß er aber unmöglich ist, auch niemand.

Zwei Jahre sind vergangen, in denen zwar einiges Gutes, aber doch letztlich nur Unzureichendes geschehen ist; dazu rechne ich auch den Nachbarschaftsvertrag. Es bleiben möglicherweise nur noch zwei oder drei Jahre und dann wird es wieder zu spät sein. Wer das nicht wahrhaben will, macht sich mitschuldig.

Páter Václav Malý, Jan Sokol, politolog.

Pfarrer Václav Malý, Jan Sokol, Politologe.

75

Jaromír Loužil

Eine der Grunderfahrungen und Erkenntnisse unserer Generation ist das Debakel des Konzepts des Nationalstaates im allgemeinen und des tschechoslowakischen Nationalstaates im besonderen. Wir waren auf die 1. Republik stolz, und im Vergleich mit den damaligen Nachbarstaaten vielleicht mit Recht. Doch wir können vor dem wesentlichen Konstruktionsfehler in ihren Fundamenten nicht mehr die Augen schließen: es war ein mononationaler Staat auf einem multinationalen Territorium. Er scheiterte zunächst am Widerstand der Sudetendeutschen und jetzt der Slowaken. Außerdem war er außerstande, auch nur den Tschechen und Slowaken eine gesicherte Existenz zu gewährleisten und sie vor zweierlei Okkupation zu bewahren. Ich fühle mich nicht berufen zu beurteilen, inwieweit die Sudetendeutschen in ihren Bedürfnissen und Sehnsüchten durch den deutschen Nationalstaat, für welchen sie damals optiert hatten, d.h. durch das Dritte Reich, befriedigt worden sind. Jedenfalls hat sie dieser Nationalstaat par exellence in einen verbrecherischen Krieg mitgerissen, was nach der Niederlage Deutschlands wesentlich zu ihrer Vertreibung beigetragen hat.

Wir alle wollen ohne Zeifel an den Fehlern der Vergangenheit lernen und einen neuen und besseren Anfang machen. In entscheidenden tschechischen politischen und intellektuellen Kreisen (schwerlich allerdings in breiten Schichten der Bevölkerung) überwiegt, wie es scheint, der Entschluß, der nationalstaatlichen Idee abzusagen und den neuen Staat nach dem bürgerlichen Prinzip aufzubauen. Und hier taucht zwangsläufig die Frage auf, ob dazu auch die Sudetendeutschen entschlossen sind. (Ich habe freilich nur diejenigen im Sinn, die in die böhmischen Länder zurückkehren möchten.) Sind sie in der Tat bereit, ihren deutschen Nationalstaat zu verlassen und in den neuen bürgerlichen Staat in den Böhmischen Ländern einzutreten? (Ich lasse hier die Benennung dieses Staates absichtlich beiseite, da sie uns irreführen könnte; übrigens hat man darüber noch keinen Entschluß gefaßt.) Die Frage kann auch scharfer formuliert werden: In welcher Eigenschaft, als wer wollen sie zurückkehren? Als Deutschböhmen und Deutschmährer, d.h. als „unsere Deutsche", oder als Deutsche überhaupt (früher würde man als „Reichsdeutsche" sagen)? Oder anders und noch schärfer: Wohin wollen sie zurückkehren, nach Böhmen und Mähren vor dem Münchener Abkommen oder in den nachherigen „Reichsgau Sudetenland"? Ich bitte Sie, diese meine Fragen nicht für eine Provokation zu halten; ich wollte so nur darauf aufmerksam machen, daß der sympathische Gedanke des bürgerlichen Staates uns zwar die Lösung des Problems des tschechisch–deutschen Zusammenlebens in einem Staate bietet, zugleich aber auch gewisse Ansprüche und Forderungen an uns stellt, die man sich nicht verheimlichen darf. Es wäre gut, wenn sich die Sudetendeutschen (ihre Sprecher) zu diesen Fragen äußern würden.

Die Sudetendeutschen waren, sind und werden immer auf das engste mit dem deutschen Volk und Staat verbunden sein. Diese Bande – nicht nur sprachliche und kulturelle, sondern auch persönliche, verwandschaftliche – sind gewiß infolge ihres fast ein halbes Jahrhundert dauernden Zusammenlebens mit den übrigen Deutschen in der BRD noch inniger geworden. Der neue bürgerliche Staat würde selbstverständlich nicht erwarten, geschweige denn fordern, daß sie sich dieser Bande lossagen; er würde allerdings an ihre politische Loyalität Anspruch erheben. Sind die Sudetendeutschen (jene, die zurückkehren wollen) bereit, die alte deutsche nationalstaatliche Loyalität gegen die bürgerliche Loyalität zu dem neuen Staate in Böhmen und Mähren einzutauschen?

Jaroslav Šabata

Wir stehen vor der Aufforderung, auf dieser Versammlung eine, wenn möglich, adäquate Antwort zu finden. Auf jeden Fall ist uns klar, daß diese Antwort dem traditionellen Rahmen von Betrachtungen über die deutsch–tschechischen Beziehungen nicht entsprechen wird. Von welchen Punkten sollte unsere Antwort ausgehen? Auf jeden Fall davon, was hier angedeutet wurde. Europa befindet sich an der Schwelle einer tiefgreifenden geopolitischen Revolution. Ich betone hier das Wort geopolitisch. Wir sprechen von einer Revolution in Europa, von demokratischen Revolutionen in Europa, entweder im Plural oder sogar im Singular. Ich möchte hervorheben, daß den demokratischen Umwandlungen eine tiefe geopolitische Veränderung vorausgeht und sie in entscheidendem Maße bestimmt. Es entsteht eine neue Struktur in Europa und mit ihr das, was man traditionell „Mitteleuropa" nennt. Gestern habe ich bereits in meiner Einleitung das deutsche Wort benutzt, weil bekannt ist, daß mit dem Begriff „Mitteleuropa" eine gewisse Tradition verbunden ist. Vom Standpunkt der Tschechen eine positive und negative Tradition.

Deutschland gehört zu Mitteleuropa, ich persönlich bezweifle das nicht, und die Länder der Warschauer Gruppe, im Grunde genommen die Vier, können gemeinsam eine neue demokratische Gemeinschaft errichten. Das ist die große Chance, von der eigentlich R. Hilf spricht. Ich möchte seine Idee auch in dem Sinne unterstreichen, daß es nicht nur für die Völker Mitteleuropas ein großer Gewinn ist, sondern für ganz Europa. Ich würde sagen, daß ein Signal, der Einfluß, die Ausstrahlung eines solchen Mitteleuropas zweifellos die Atmosphäre sowohl auf dem Balkan als auch in der ehemaligen Sowjetunion ändern würde, die sich scheinbar gegen die Stabilität in Mitteleuropa richtet. So ist das wenigstens zu verstehen, wenn man über die Beziehungen der Tschechoslowakei spricht und sie eher als verhängnisvolles Phänomen wertet. Es wird übersehen, daß in diesem Prozeß der Desintegration ein neu

Dr. Petr Prouza, jednatel nadace B. Bolzana, dr. Ondřej Neff, publicista.
Dr. Petr Prouza, Geschäftsführer der Stiftung Bernard Bolzano, Dr. Ondřej Neff, Publizist.

integriertes Europa entsteht. Ich polemisiere also nicht im geringsten mit dieser Perspektive von R. Hilf, im Gegenteil, ich will sie hervorheben, erweitern, ihre Bedeutung vertiefen.

Wir haben unstreitbar demokratische Verbündete in Deutschland. Soweit wir uns selbst für Demokraten halten, solange wir selbst uns nicht in irgendeine nationale Schublade stecken, haben wir diesen Demokraten gegenüber auch unsere Verpflichtungen.

Radko Pytlík

Ich möchte darauf aufmerksam machen, daß der Blick auf Europa als Mythos seine großen Vorzüge hat. Zum ersten ermöglicht er, die ganze Problematik im Ganzen, ohne geschichtliche Differenzierung zu verstehen; zum zweiten gestattet er zu antropomorphisieren, d.h. sie auch mit psychologischen und allgemein menschlichen Details zu begreifen. Ich habe mir erlaubt, Ihnen zu meiner etwas kuriosen Darstellung ein Bild auszuteilen, eine Karikatur von Adolf Born. Auf parodistische Weise veranschaulicht es, wie Europa das damals weniger zivilisierte, scheinbar sehr primitive Land der Indianer erobert. Es geht in diesem Falle um Kanada. Ich würde sagen, daß diese Dame von ihrem Verhalten her, sehr selbstbewußt aussieht, sich auf die Waffe stützt, die sie in der Hand hält. Sie zeigt sich den alten indianischen Zivilisationen sogar übergeordnet, die schon resigniert auf den Anbruch einer neuen Zeit blicken. Und ich vermute wiederum, daß allein das Alter dieser Dame und ihre ganze Erscheinung davon zeugen, daß es sich zweifellos um eine schizophrene Gestalt handelt, daß sie von inneren Zwiespälten geschüttelt ist. Diese Zwiespälte lassen sich verständlicherweise auch durch bestimmte geschichtliche Fakten dokumentieren. Im gegebenen Fall ging es um ein Attribut, das Europa wahrend der Entdeckung neuer Welten lange Zeit anhaftete, nämlich daß es alt sei. Das alte Europa stellte sich gegen die neue Welt, die in Amerika und in verschiedenen Kolonialländern entstand. Ich denke, daß dieses Moment einer der charakteristischen Züge ist, der das Bemühen nach einer europäischen Einigung bedeutete, ein Phänomen, das Universalismus genannt wurde. Gegenwärtig treten mit dem Streben nach Einigung parallel auch Bemühungen um eine Spaltung auf. Das trat begreiflicherweise gleich nach dem Zerfall des sog. Römischen Reiches im Jahre 395 ein, als sich, wie bekannt, die europäische Welt in einen westlichen und einen östlichen Teil aufteilte. Fortschrittliche Herrscher wie z.B. bei uns Karl IV. bemühten sich, diese Konflikte zu überbrücken und sogar eine gegenseitige Konfrontation zweier Zivilisationen, zweier Kulturen, der westlichen als auch der östlichen, wachzurufen. Diese Widersprüche steigern sich dann in den kommenden Jahrhunderten in Machtwidersprüche. Europa wird wie bekannt einerseits von den Interessen der alten Überseegroßmächte (England, Spanien, Portugal) und andererseits der kontinentalen Großmächte (Frankreich, Deutschland) geschüttelt. Diese Konflikte lassen sich an der Gesamtsituation eines der führenden staatlichen Gebilde der damaligen Zeit dokumentieren: am Habsburger Reich. Dieser Grundwiderspruch Ost – West wurde nach dem II. Weltkrieg auf eigentümliche Weise verherrlicht, als sich dieser Grundwiderspruch mit Entstehen des Eisernen Vorhangs sowohl kulturell, zivilisatorisch als auch psychologisch und militärisch vertiefte. Wir können uns bereits nicht mehr vorstellen, daß durch den bloßen Fall des totalitären Regimes und allein durch das Zerbrechen des sowjetischen Imperiums das Prinzip des Mißtrauens entwurzelt wäre, das hier über Generationen zwischen beiden Blöcken gezüchtet wurde und als Vorkommen ganz spezieller Residuen erscheinen kann. Und bei diesem Problem möchte ich zum Schluß noch etwas verweilen. Dieser gewisse Überrest ist das Bemühen um Schaffung kleinerer staatlicher Einheiten, nach der Zuspitzung des Konfrontationskonflikts innerhalb der sog. kleinen staatlichen Einheiten und kleinen Völker sowie unter den großen Völkern. Das ist ein Problem, das natürlich schon früher existiert hat, es wurde schon durch Masaryk in der Betrachtung über die Rolle der kleinen Völker in Europa gekennzeichnet. Das projiziert sich verstandlicherweise auf die gesamte mitteleuropäische geopolitische Situation nach dem Zerfall von Österreich–Ungarn, aber dieser Widerspruch wird gerade unter dem Eindruck jenes großen Zerberstens, dem Zerfall des Sowjetblocks zugespitzt. Ich möchte noch auf ein Moment verweisen, auf das slawophile Moment. Herr R. Hilf hat hier ein bißchen, ich möchte sagen, idyllisch vom achthundertjährigen Zusammenleben gesprochen. Ich habe das Gefühl, daß es hier um einen gewissen inneren Kampf und oft um Machtkampf ging, besonders im 19. Jahrhundert, als sich beiderseitig nationale Fragen zuspitzten, das verschärfte sich natürlich auch im 20. Jahrhundert nach den Erfahrungen mit den totalitären Regimes. Ich möchte darauf hinweisen, daß dieses slawophile Problem im tschechischen Milieu auch ein gewisses Abstumpfen der kritischen Haltung gegenüber dem sowjetischen Regime und dem Stalinismus bedeutete. Das Beseitigen dieser Residuen ist auch im Verhältnis zwischen Tschechen und Deutschen sehr wichtig. Man kann nicht alles unter den Tisch kehren und die

82

Zukunft nicht zur Erneuerung dieser Residuen erbauen. Auf der anderen Seite kann man nicht damit beginnen, alte Wunden aufzureißen und emotionale Effekte und bestimmte Elemente kritischen Verstandes zu unterdrücken.

Ich möchte insbesondere auf meine deutschen Freunde hinweisen, die mit dieser neuen Beziehung ohne Residuen sympathisieren. Auch die derzeitige Situation der Tschechoslowakei des sog. Zerfalls kompliziert psychologisch die Situation der tschechischen Länder und vertieft wirklich jenes Gefühl der Bedrohung, jede Beziehung zwischen kleinen und großen Völkern. Hier halte ich für angebracht, daß dieses große deutsche Gebilde auf psychologischem, politischem und kulturhistorischem Gebiet nicht allzu dominant auftritt. Das wirtschaftliche Übergewicht ist hier einfach offensichtlich. Aber gerade in diesem Bereich ist es, ich würde sagen, psychologisch und mental nötig, daß hier wirklich eine Beziehung zwischen gleichesgleichen herrscht, was einzig und allein die Bedingungen für ein neues Zusammenleben, ein Zusammenleben zwischen unseren beiden Völkern, und zur Einführung jenes Ideals schaffen kann, von dem hier im Hauptreferat die Rede war.

Václav Malý

Liebe Freunde, ich habe kein Referat vorbereitet, weil man mich
darauf nicht hingewiesen hat, also sage ich nur ein paar Worte. Es wird
weder eine wirtschaftliche noch historische Studie, dazu fühle ich mich
nicht kompetent. Ich möchte nur an die eine Sache erinnern, daß seit dem
Abgang der Sudetendeutschen die Gläubigen in Böhmen und Mähren
wesentlich weniger geworden sind. Und bis heute ist an der Grenze, wo
die Sudetendeutschen gelebt haben, die Gegend geistig devastiert, die
Menschen fühlen sich dort nicht zu Hause. Und hier, denke ich, kann
auch einer der Ausgangspunkte unserer gemeinsamen Zusammenarbeit
sein. Die Sudetendeutschen sind größtenteils gläubig, folglich können
sie durch ihr Leben, ihre Überzeugung zu einem universalistischen Blick
beitragen. Von einem bestimmten Betrachtungspunkt die wirtschaftli-
che, politische, soziale und gesellschaftliche Situation sehen. Ihr Sude-
tendeutschen habt in den letzten 50 Jahren in einem System gelebt, das
zu sehr auf Konsum gerichtet war. Wir hier in Böhmen und Mähren
durchleben eine Epoche, wo wir uns selbst suchen und wo ein gewisser
Universalblick auf das Leben fehlt.

Wir stehen im Angesicht der Säkularisierung in ganz Europa, das ist
nicht nur ein Problem der Tschechoslowakei oder Deutschlands, daß das
Christentum bei diesen Perspektiven eines zukünftigen Europas verges-
sen wird, daß das Christentum, das eigentlich die Wurzeln der euro-
päischen Geisteskultur bildet, in diesem Sinne zu einem neuen Europa
beitragen kann, indem es das Prinzip der Solidarität ungeachtet von
Rassen–, Nationalitäts–, sozialen, sprachlichen und anderen Schranken
verkündet. Darin sehe ich also den konkreten Beitrag unseres gemeinsa-
men Treffens. Was mich bei den Sudetendeutschen sehr anspricht, ist
das tiefe Bewußtsein der Heimat, daß bereits 50 Jahre seit der Vertrei-
bung vergangen sind und sie trotzdem die Wurzeln der Heimat fühlen.
Uns Tschechen fehlt manchmal das Heimatbewußtsein. Ich bin kein
Anhänger der Kosmopolitisierung. Der Mensch kann tolerant sein, kann

aufnahmebereit sein, wenn er weiß, wo er ist. Und der, der sich eine Heimat schafft, empfängt auch gerne Gäste, er freut sich, daß er jemanden willkommen heißen und gleichzeitig jemanden besuchen kann. So könnt Ihr Deutschen uns gerade bei der Vertiefung unseres Heimatbewußtseins helfen, weil die Menschen hauptsächlich im Grenzgebiet sich nicht zu Hause fühlen. Sie fühlen sich wie Einwanderer und das ist nicht gut.

Weiterhin möchte ich betonen, daß wir Tschechen uns wiederum damit rühmen können, was wir in den letzten 40 Jahren erlebt haben: daß für Überzeugung gezahlt wird. Daß der Mensch, wenn er dienen will, das mit einem gewissen Opfer, mit Opferbereitschaft verbindet. Ihr habt Euch dem Opfer der Vertreibung gestellt, und auf dieser Ebene sehe ich das Wesentliche, womit wir uns selbst bereichern können. Ich würde den Ausgangspunkt nicht gleich in der Schaffung irgendeiner Region sehen, das ist eine geistig, kulturell, politisch und wirtschaftlich sehr komplizierte Angelegenheit. Aber ich sehe ihn vor allem in den üblichen Kontakten, was zum Glück schon geschieht. Im Grenzgebiet gibt es verwüstete Kirchen, Kulturdenkmäler und ich weiß, daß viele von ihnen heute mit Hilfe von Sudetendeutschen wieder renoviert worden sind. Das ist also die konkrete Zusammenarbeit, die Schaffung einer Heimat, wo auf einmal sprachliche Unterschiede keine Rolle mehr spielen. Und hier sehe ich unsere Chance. Im Schließen von Freundschaften zwischen einzelnen Gemeinden oder Städten. Ich möchte keine Pläne bis 1994 oder bis zu einem bestimmten Datum machen. Uns Christen vereint ein Glaube, der Glaube an die Achtung vor dem Menschen, das Respektieren seiner Individualität. Und wenn wir das übergehen, wenn wir nur gewisse Pläne für ganze Gemeinschaften schaffen wollen, so überspringen wir wieder diese notwendige Etappe.

Václav Houžvička

Ich habe keinen größeren Auftritt geplant, nichtsdestoweniger gerne möchte ich über die Behauptung von Herrn Malý polemisieren. Wenn er sagt, daß sich die Mehrheit der Grenzbewohner dort nicht zu Hause fühlt, so möchte ich das präzisieren. Auf der Grundlage zweier soziologischer Studien, die wir wiederholt in den Jahren 1990–1991 durchführten, haben wir auch das Heimatgefühl bei den Bewohner des Grenzgebietes erforscht. Ich präzisiere, daß dies in allen Grenzbezirken, die an Deutschland und Österreich grenzen, also dem Territorium der ehemaligen Sudeten stattfand. Über 77 % der Einwohner antworteten, daß sie sich im Grenzgebiet zu Hause fühlen. Zwar empfinden sie es als Grenzgebiet, trotzdem haben sie dazu aber eine Beziehung, die sich als heimatlich bezeichnen läßt. Das betone ich besonders im Zusammenhang damit, daß eventuell über die Frage eines wiederholten Austausches der Einwohnerschaft im Grenzgebiet diskutiert wird und so eine Kette von Problemen und Bösem entstehen würde.

Marie Karpašová

Wie Sie sicher wissen, ist Reichenberg vom historischen Standpunkt ein besonderes Phänomen. Hier kann man wirklich sagen, daß Tschechen und Deutsche oder Deutsche und Tschechen jahrhundertelang zusammengelebt haben und, ich wage zu behaupten, bis heute zusammenleben. Ich möchte aber in erster Linie auf den Beitrag von Herrn Professor R. Hilf zurückkommen, dem ich für das Herangehen von deutscher Seite sehr dankbar bin, weil wir auf ähnlichen Treffen oft stark abweichende Meinungen hören.

Ich möchte hauptsachlich ein paar Worte dazu sagen, was Inhalt dieser Konferenz sein sollte. Ich möchte dem zustimmen, daß bereits wir uns bemühen sollten, einander zu verstehen. Vor einer Weile ging hervor, daß sich Herr Dr. Šabata und Herr Václav Malý überhaupt nicht verstanden haben. Das, was Herr Malý hier gesagt hat, war nicht irgendein Gefühl, daß wir uns hier nicht zu Hause fühlen. Er hat versucht, das von einem eher allgemein menschlichen Standpunkt aus zu sagen, und ich vermute, einige Herren haben das völlig anders verstanden. Es ließe sich auch viel über sudetendeutsche Fragen sagen. Ich selbst beschäftige mich mit dieser Problematik 14 Jahre und kann Ihnen sagen, daß sobald sich jemand in diese Problematik vertieft, feststellt, daß sie keineswegs schwarz–weiß ist, und daß viele Haltungen, die auf beiden Seiten bestehen, falsch sind. Ich denke, es ist besser, vom Standpunkt der tschechisch–deutschen und deutsch–tschechischen Zusammenarbeit aus zukünftig das zu suchen, was uns verbindet, und nicht ständig zu Konfrontationen und Unverständnis zurückzukehren.

Ondřej Neff

Herr Pfarrer Malý hat eine Dimension in die Diskussion eingebracht, die mir bisher fehlte, und zwar die Dimension der Kommunität der normalen Leute. Einfach der Bürger, der Einwohner eines konkreten Raumes und konkreter Häuser, und daran möchte ich gern anknüpfen. Ich betone, daß unsere Gesellschaft eigentlich eine Gesellschaft enttäuschter Menschen ist.

Ich vermute, daß die Entwicklung, die jetzt wohl ihren Höhepunkt erreicht, praktisch jeden enttäuscht hat. Natürlich zuerst die, die im November verloren haben. Aber bald begann sie auch die Sieger zu enttäuschen. Ich persönlich vermute, daß die einzigen, die nicht enttäuscht sind, Gangster, Prostituierte, Schieber und Wechsler sind. Vielleicht trügt dieser Eindruck, weil ich in diesen Kreisen niemanden kenne. Deshalb nehme ich an, daß dieser enttäuschten Gesellschaft gegenüber maximales Feingefühl nötig ist. Tatsache ist, daß im November eine Konzeption gesiegt hat, die ein Verleugnen des Willens durch das beteiligte System ist, und auch ein so edler Mensch, wie es Präsident Beneš war, ließ sich in die berühmten folgenschweren Dekrete hineinmanövrieren, die zur Vertreibung von Menschen führten, die hier über Jahrhunderte gelebt haben. Natürlich wurde diese Konzeption verleugnet und nun ist die Frage, wer durch dieses Tor geht, wer hierher kommt. Ich glaube nicht, daß es sich verhindern läßt, daß die Sudetendeutschen früher oder später zurückkommen. Falls der Gedanke an die Rückkehr dieser Kommunität, die, wie ich sagte, jahrhundertelang hier wirkte, sich an der Profilierung dieses Raumes beteiligte, wenn sich diese Rückkehr mit dem edlen Ton z.B. von Dr. R. Hilf identifizieren könnte, dann wird sicher bald wieder alles in Ordnung sein. Aber ich befürchte, daß immer die Elemente besser zu sehen und zu hören sind, die durch ihr Wesen diametral völlig woanders sind, und es ist vielleicht evident, daß das Wirken von zehn solchen Dr. Hilfs in der Öffentlichkeit durch einen betrunkenen, ungebildeten Dummkopf wieder umgestürzt werden kann. Ich möchte gern an die deutschen Freunde appellieren, daß sie mit dem fortsetzen, was sie machen, um uns gegenüber mit maximaler Rücksichtnahme aufzutreten, weil wir in gewissem Sinne alle verwundet sind. Auch wenn wir uns bemühen, mit Verstand europäisch und offen zu sein, so ist uns unser Herz in diesem Bemühen nicht immer allzu behilflich.

Jan Sokol

Liebe Freunde, ich möchte ein paar Worte zum Thema „Gute Nachbarschaft" sagen. Nachbarschaft ist nicht nur eine Angelegenheit von Staaten, die wie alle großen Organismen immer etwas schwerfällig sind und einer gewissen Versuchung unterliegen. Das ist ein wichtiger Punkt dieser Frage. Wir können uns den direkten Weg zu guter Nachbarschaft vorstellen, der darin besteht zu sagen: was war, das war – heute sind wir schon weiter und müssen uns nicht mehr darum kümmern. Das ist das, was ich mit Versuchung meine. Und ich denke, daß beide Seiten dieser Versuchung ausgesetzt sind. Warum Versuchung? Weil: wenn wir das Problem nicht berühren, lösen noch benennen wir es – wir umgehen es einfach. Das kann zwar in bestimmten historischen Situationen klappen, es besteht aber immer die Gefahr, daß das Problem nach einer Zeit und unter anderen Bedingungen wieder auflebt und unerwartet unangenehm wird.

Wie sehe ich die Rolle der Sudetendeutschen in den deutsch–tschechischen Beziehungen? Gestatten Sie mir absolute Offenheit. Die Sudetendeutschen stellen eine Gruppe dar, die beiden Seiten unangenehm ist: sie schäumt ruhiges Wasser auf und ohne sie konnte man viel bequemer verfahren. Ich glaube, daß nicht nur die tschechische, sondern auch die deutsche Seite allgemein dieses Gefühl hat. Auf der anderen Seite möchte ich unterstreichen, daß es gerade die Sudetendeutschen sind, die das größte Interesse an einer guten Nachbarschaft haben – und das im Gegensatz zu denen, die das ganze nicht so problematisch sehen und genauso motiviert sind. Ich möchte das an einem kleinen Beispiel verdeutlichen. Ich bin in Zwittau gewesen, wo das Ottendorfer Haus – ein Haus, das dort wie eine halbe Ruine dastand, wie etwas, das den neuen Bewohnern von Zwittau nichts sagen würde. Dann aber entschlossen sich ein paar kluge Leute, das Haus wieder aufzubauen und einzurichten. Ein bißchen Mut war schon nötig, aber es hat sich ausgezahlt. Die Atmosphäre in Zwittau ist etwas klarer geworden; auch wenn wir es nicht in Geld messen, war das ein bedeutender Schritt. So sehe ich also die besondere Rolle der Sudetendeutschen und, erlauben Sie, auch die Rolle tschechischer Gruppen, die sich für diese Fragen besonders so interessieren, daß sie von Zeit zu Zeit unangenehm wirken, aber sie handeln so aus Überzeugung, daß sie schließlich heilende Wirkung haben kann.

Gestatten Sie mir hier zwei Anmerkungen dazu, was zu tun ist. Eine geht an meine Landsleute, also die hiesigen Einwohner, die zweite an die deutsche Seite. Wir Tschechen müssen uns klare, harte und manchmal auch peinliche Fragen stellen, was wir eigentlich wollen. Der große und manchmal auch bedrängende deutsche Einfluß ist hier und wird immer hier sein – das sieht jeder. Und jetzt sollten wir auf der tschechischen Seite die Frage stellen, vor welcher Gefahr wir uns mehr fürchten: vor einer übermäßigen Expansion des zu großen deutschen Einflusses oder umgekehrt vor dem deutschen Isolationismus? Darüber sprach heute Dr. Hilf, wie ich meine, sehr treffend. Vor etwa fünf, sechs Jahren versuchte ich – schlecht gelaunt – mir vorzustellen, was in dem Augenblick passiert, wenn der Kommunismus fällt. Und mir fiel ein, daß wir am ehesten erwarten können, der Müllhaufen Westeuropas einschließlich Deutschlands zu werden. Das ist meine Vorstellung von Isolationismus. Das ist jene Verfassung, wenn man sagt: hier ist mein Zaun, was sich dahinter befindet, ist mir egal.

Diese Frage also muß sich die tschechische Seite stellen und früher oder später darauf antworten. Ich muß wohl nicht ausführlich erklären, daß das, wovor ich Angst hatte, eine Art Isolation war – eine Art Mauer, die Ost und West trennt.

Gestatten Sie mir noch ein paar Worte zu den Versuchungen, denen nur Deutschland die Stirn bieten muß. Das ist nämlich die Versuchung, günstige Situationen auszunutzen, da die Tschechen so geschwächt dastehen, wie wohl noch nie zuvor: zwar mit einem eigenen Staat und politisch unabhängig, aber in allen wichtigen Parametern so schwach wie nie. Wenn die deutsche Politik und die Politik einzelner Gruppen dieser Versuchung erliegen sollten, dann würden sich die skeptischen Worte bestätigen, die da sagen, daß die einzige Lehre aus der Geschichte sei, daß niemand aus ihr gelernt hat.

Mir scheint, daß das Thema, das wir uns hier gestellt haben, d.h. die deutsch–tschechische Nachbarschaft, die Zerstörung und Restebeseitigung der Mauer, die hier über Jahrzehnte gebaut und erhalten wurde, charakterisieren müßte. Die Beseitigung und Zerstörung der Reste dieser Mauer ist etwas, was nicht der Staat tun kann. Es scheint mir, daß hier ein sehr wichtiges Wort gesagt worden ist. Herr Dr. Loužil sprach von der bürgerlichen Gesellschaft. Die bürgerliche Gesellschaft ist freilich nicht etwas, was durch einen Federstrich entsteht. Das ist nicht etwas, was wir uns aufschreiben und es also haben. Die bürgerliche Gesellschaft ist das Ergebnis jahrelanger Anstrengungen der Bürger. Auch wenn wir noch so sehr davon schwärmen, können wir nicht erwarten, daß wir sie hier früher als nach dieser Generation in Vollblutgestalt haben werden. Ich denke, daß an diesem deutsch–tschechischen Problem sehr gut zu sehen ist, wie heikel diese Frage auf staatlicher Repräsentationsebene und zu unpopulär auf beiden Seiten ist. Und das ist genau der Ort, wo die bürgerliche Gesellschaft zu funktionieren beginnen sollte, das sind die Aufgaben, welche die Bürgerinitiativen in Angriff nehmen sollen, einfach die Bürger, denen es wert ist und die nicht unbedingt darauf warten müssen, bis ihnen das irgendein Ministerium bringt. Das ist die Grundstrategie, die ich sehr befürworte. Drei Jahre bauen wir nunmehr oder weniger bewußt die bürgerliche Gesellschaft auf und werden damit fortsetzen. Ich kann mir nicht vorstellen, daß wir sie nur bis an die Grenze bauen und weiter nicht. Mir scheint also, daß uns ein Bauen von Strukturen, Institutionen erwartet, die sich mehr auf Lust, Entschluß und Mut der Bürger stützen. Von diesem Gesichtspunkt aus ist die Frage der Inkompatibilität auf beiden Seiten der Grenze interessant. Und der möchte ich noch gerne Beachtung schenken. Das, was das Problem bewirkt, ist nicht im entferntesten soviel Inkompatibilität, angenommen rechtliche oder politische. Ich halte den Gedanken der Regionen für sehr richtig, weil er genau in die richtige Richtung geht, obwohl ich vermute, daß wir uns daran gewöhnen müssen, daß die Regionen nicht direkt Bestandteil der zwischenstaatlichen Verhandlungen auf höchster Ebene sein werden. Worin besteht also das Problem der Inkompatibilität, die wirklich da ist? Und hier möchte ich das erklären, was Herr Malý im Sinn hatte und was hier eine gewisse interessante Reaktion hervorgerufen hat. Ich sehe diese Inkompatibilität darin: wenn ich auf ein Dorf in Franken und ein Dorf im Böhmerwald schaue, dann ist zu sehen, daß sich die Menschen ihre Umwelt auf unterschiedliche Weise bilden. Und darin sehe ich die grundlegende Inkompatibilität auf beiden Seiten der Grenze, die mit gemeinsamer Anstrengung beseitigt werden muß. Hier erwarte ich, ich erwarte nicht nur, sondern sehe mit eigenen Augen, wie das funktioniert. Ich bin im Sommer einige Wochen durch Südmähren gereist und konnte

Dr. Peter Becher, jednatel Adalbert - Stifter - Vereinu, dr. Jaromir Loužil, historik.

Dr. Peter Becher, Geschäftsführer des Adalbert-Stifter-Vereins, Dr. Jaromir Loužil, Historiker.

verfolgen, auf welch unauffällige und einfache Weise die Leute über die Grenze fahren und gucken. Sie kommen wieder und beginnen sich erstmal Gedanken zu machen, wie sie selbst in ihrer Gemeinde leben. Es beginnen sie Sachen zu stören, die sie bislang nicht gestört haben. So stelle ich mir den Aufbau einer deutsch–tschechischen Nachbarschaft vor, d.h. die Beseitigung dieser jahrelangen Mauer.

Jaroslav Šabata

Václav Malý und nicht er allein hat zwar ganz richtig betont, daß die Institutionen, Institute, staatlichen Organisationen u.ä. nicht die Initiative der Bürger ersetzen können, aber es stellt sich die Frage, ob diese Zusammenarbeit institutionalisiert werden soll, ob man Ordnung hineinbringen soll. Je weniger Ordnung wir im eigenen Land und im Ausland haben, desto schlimmer wird der Schlag der Privatisierung, desto privilegierter wird der Prozeß der Privatisierung, desto negativere Erscheinungen werden sich darin durchsetzen. Alles, was mit der Marktwirtschaft zusammenhängt, wird diese Produkte hervorrufen, auf die unser Freund Neff gestoßen ist, als er sagte, daß wir eine Gesellschaft enttäuschter Menschen sind. Also die einzige Weise, wie vorzugehen, ist die Bürgeraktivitäten und Bürgerinitiativen auf ein der heutigen Zeit entsprechendes Niveau zu bringen.

Petr Morávek

Ich wurde von Herrn Dr. Šabata als ein etwas links orientierter Mensch bezeichnet. Ich denke, daß die Aufgaben, die vor uns stehen, weitaus größer sind. Es ist notwendig, daß man mit einer gewissen Differenzierung aufhört, weil die Probleme, die wir lösen müssen, viel ernster sind, und ich denke nicht, daß das rechte politische Spektrum selbst fähig ist, diese Probleme zu lösen. Gerade wir, die Sozialdemokraten, waren es, die sich zwei Monate, nachdem Herr Dr. Hilf und Dr. Jaromír Boháč die Euroregion Egrensis konstituiert haben, durch die Deklaration von Eger zum gemeinsamen Gedanken von Versöhnung, Verständnis und gemeinsamem Dialog bekannt haben. Wir müssen uns bewußt werden, und hier erlaube ich mir, eindringlich an Sie zu appellieren, daß sich seit den kritischen Jahren, als unsere gemeinsamen Wege auseinandergingen, drei Generationen ins Leben eingegliedert haben, denen grundlegende Informationen fehlten. Drei Generationen, die durch eine bestimmte Art von Erziehung irregeführt wurden, denen grundlegendes Informationspotential fehlte. Heute, so wie ich unsere gemeinsame Verhandlung verfolgen kann, kommt es auch auf so hohem Niveau zu keiner eindeutigen Einigung, daß die Bürger des tschechischen Grenzgebietes, der bayerischen Grenzbezirke und die Sudetendeutschen im Laufe so kurzer Zeit zur Lösung von strittigen Fragen kommen. Auf den regelmäßigen Treffen der Euroregion Egrensis hatte ich die Möglichkeit zu beobachten und einer ihrer Begründer, Herr Dr. Hilf, unterstrich, daß alle „Wegweiser Deutschland" in Richtung ins Innere der Konferenzsäle, in Richtung gemeinsamer Verhandlungen führten. Und gerade dort war von seiner Seite der Appell, daß sich die Pfeile einmal umkehren werden, um unter die Bewohner zurückzukehren, um die Bürger anzusprechen, die keine Bildung haben, wodurch ihnen das grundlegende Informationspotential fehlt. Deshalb haben wir bei uns in der Grenzstadt Eger nicht wenig Anstrengungen entfaltet, um durch Maß so viel wie möglich zum Gedanken eines gemeinsamen

Europas beizutragen, zu einem Gedanken, der es nicht mehr erlaubt, daß aus diesem Spannungsherd neue Probleme hervorschießen. Das war die Bayreuther Universität in Eger, die die Jugend beider Länder zu gemeinsamer Zusammenarbeit verband, in der die Nachkommen dieser Pioniergenerationen im Guten wie im Bösen Platz gefunden haben. Ich kann Ihnen sagen, daß in dieser Arbeit kein Unterschied, kein Haß, keine Erinnerungen sind, die Streite erregen, sondern die Aufmerksamkeit war darauf gerichtet, was heute wird, was morgen wird, in welcher Weise wir alles gemeinsam lösen werden, was uns die verhängnisvolle Vergangenheit heute als Patengeschenk mitgibt. Falls Sie nach dem Standpunkt der Sozialdemokraten im Dezember fragen möchten, fragen Sie Volkmar Gabert, fragen Sie Josef Heil, fragen Sie Franz Neubauer, wie unser Standpunkt war. Es gibt allerdings auch Standpunkte, die größeren Umfangs sind, die heute nicht nur die Sozialdemokratie vertritt, für die ich jetzt spreche. Ich möchte darauf hinweisen, daß auch von seiten der Regierungskoalition viel zu verbessern ist, ohne sie auf irgendeine Art zu proskribieren. Es ist ziemlich einfach, zu Ihnen mit den Worten zu sprechen, die Sie hören möchten, mit Worten, von denen ich weiß, daß Sie sie hören wollen, weil ich heute und täglich mit den Sudetendeutschen in Kontakt bin. Machen wir uns gemeinsam bewußt, daß die Völker, die einst Stacheldraht und Minenfeld trennte, jetzt in einer schweren Situation sind und wir das Mosaik unserer nächsten Taten so legen müssen, wie das hier Herr Dr. Hilf in seinen Vorträgen angedeutet hat. Ich möchte hier an die Rede von Herrn Pfarrer Malý erinnern, weil nicht jede Stadt wie Reichenberg das Glück hat, daß das, was uns die Vergangenheit bewahrt hat, solide verarbeitet wurde und heute in relativ gutem Zustand übernommen werden konnte. Schauen Sie auf Asch, schauen Sie auf Eger und auf Tachau. Dort finden Sie zerstörte Kirchen. Dort finden Sie verwüstete Friedhöfe, dort finden Sie Respektlosigkeit, und das ist das, was wir uns an Positivem aus dem Vortrag von Herrn Pfarrer entnehmen sollten. Das ist der Gedanke der Christenliebe, die uns führen und helfen soll. Sachen und Ereignisse, momentane Spannungen und Mißgunst zu überwinden. In der Provinz, und das könnte Sie mir glauben, gibt es kein Kommunikationsproblem zwischen den Menschen, zwischen dem Rathaus, zwischen Schulen, Kulturinstitutionen, es kommunizieren Kleinunternehmer, Tschechen kommen zur Arbeit nach Deutschland, der tschechische Sportlehrer und Trainer ist willkommen in Bayern. Umgekehrt ist der deutsche Unternehmer bei uns willkommen. Wenn wir die Bande, diese Bindungen verstärken, wenn wir handeln und genügend Ausdauer haben, diese kleinen Schritte zu machen, wird uns auch der größte Schritt gelingen. Glauben Sie mir, das gemeinsame Europa ist auf unsere Zwistigkeiten, auf unsere neuen Spannungsherde nicht neugierig und erwartet gerade von uns dank dessen, daß die ehemaligen Sudeten einer der entwickeltsten Teile des Zwischenkriegseuropas waren, daß wir daran anbinden, was uns unsere Vorfahren hier geschaffen haben.

Versuchen wir, uns deshalb in unseren Diskussionen darauf zu konzentrieren, was uns verbindet, und versuchen wir, ernst miteinander zu diskutieren, aber nicht nur miteinander. Versuchen wir, den Bürger in Reichenberg, in Karlsbad, in Eger anzusprechen, aber versuchen wir, Töne zu finden, die ich auf den Sudetendeutschen Tagen in Wendlingen gehört habe. Ich hörte auf der Versammlung der Sudetendeutschen, der Euroregion Egrensis in Marktredwitz, in Amberg und an allen Orten, wohin Ihr Sudetendeutschen angesiedelt wurdet, daß Ihr die Spuren Eurer Geschicklichkeit hinterlassen habt, daß Ihr die ganze Gegend durch Fleiß, geduldige Arbeit und Geschicklichkeit geprägt habt. Weil nur das der Weg ist, der uns ins gemeinsame Europa führt, wo Platz auch für unsere Rechte und Linke sein wird, aber hauptsächlich für die Demokratie, weil ohne die Linke, seien Sie nicht böse auf mich, ich muß mir meine Linksbrühe etwas aufwärmen, auch keine demokratische rechte Regierung existiert.

Václav Peřich

Ursprünglich war ich als Redner gar nicht eingeplant, also werde ich ein bißchen improvisieren. Ich werde aber nicht ins Blaue improvisieren. Die Gedanken, die hier ertönen, und die ich sagen will, trage ich sozusagen ständig mit mir herum. Das geht unter anderem daraus hervor, daß ich lange Jahre in einem Gebiet gelebt habe, zu dem Sudeten gesagt wurde. Unweit von Troppau war ich Gärtner in einem 70 ha großen Obstgarten, danach baute ich in Zlaté hory im ehemaligen Zuckmantel. Einige von Ihnen kennen diese Namen als Namen eines Gebietes, das voll von Deutschen besiedelt war. Von Sudetendeutschen also. Ich habe eine solche brennende Erinnerung, gerade aus Zlaté Hory. Nicht weit von Zlaté Hory, also von Zuckmantel, war ein Wallfahrtsort, der Mariahilf hieß, und dieser Wallfahrtsort war verständlicherweise maßlos zerstört, denn sowohl das Regime als auch die ansässige Einwohnerschaft, die hier nach der Vertreibung der Deutschen hergesteckt wurde, hatte zu diesem Ort keine natürliche Beziehung. Eher die von Goldgräbern, wie man bei uns sagte, also überwiegend zerstörend. Irgendwann in der zweiten Hälfte der sechziger Jahre führte ich Freunde dorthin und wollte ihnen zeigen, was für ein schöner und beachtenswerter Ort das sei. In den Trümmern der Kirche mit den ausgeschlagenen Fenstern fanden wir eine riesige deutsche Aufschrift, die in den Putz der Wand gekratzt war und lautete: Gott vergib ihnen, denn sie wissen nicht, was sie tun.

Das machte auf mich einen sehr starken Eindruck. Ich verfolgte dann die Aktivitäten unabhängiger Initiativen, die sich bemühten, eine gewisse inoffizielle und gerechtere Erfahrung, was die Vertreibung anbelangt, auszusprechen. Mit einer ähnlichen Motivation versuchte ich, mich diesen christlichen Initiativen anzuschließen, die neue Kontakte mit der Ackermann–Gemeinde angeknüpft hatten. So gut es möglich war, begann ich, ein publizistisches Projekt vorzubereiten, in dem ich etwas konkreter über die Themen diskutieren wollte, die Präsident V.

Havel eröffnete, und die leider auf der Ebene irgendeines moralistischen Projekts blieben und nicht zu einer Alarmreaktion der tschechischen Bevölkerung führte, von der ein Teil froh war, daß endlich so etwas Vernünftiges über die Vertreibung gesagt wurde, und der zweite Teil geschockt war davon, wie wir das tschechische Volk an die Deutschen verkaufen wollen. Ich denke, das ist ein wichtiges Moment, sich bewußt zu machen, daß V. Havel nicht im Sinn hatte, eine Alarmreaktion hervorzurufen. V. Havel wollte sich auf irgendeinen Weg der wirklichen und konkreten Annäherung machen. Aber in dem Augenblick, da er es versuchte, riefen breite Bevölkerungsgruppen einen so starken Hallo–Effekt hervor, daß sie es praktisch unmöglich machten. Ich habe das Gefühl, daß auch einige unbedachte Bestrebungen der Sudetendeutschen, die zu radikale Forderungen stellten und so die Möglichkeit verhinderten, zu irgendwelchen weiteren vernünftigen und konkreten Schritten heranzuschreiten, ihren Anteil daran hatten. Ich möchte das gern am Schicksal meines publizistischen Projekts konkretisieren. Ich habe mit einem kürzeren Artikel begonnen, der hieß: Was ist das – Revanchismus? Und die einfache These dieses Artikels war: Wenn heute ein Tscheche die Vertreibung noch verteidigt, dann ist er eigentlich ein größerer Revanchist als die, die auch so bezeichnet werden, sagen wir, durch die bolschewistische Presse. Ein weiterer Artikel sollte darauf folgen und Projekt dessen werden, wie sich eigentlich staatliches Eigentum, staatlicher Besitz in den Sudetengebieten privatisieren läßt. Besonders mit dem Anteil der Sudetendeutschen, die bei uns bereits wieder eine Heimat finden möchten. Damit bin ich auf einer Pressekonferenz der Sudetendeutschen Landsmannschaft aufgetreten, und der Zeitungsverleger lehnte einfach ab, mit diesem Projekt fortzufahren. Wir müssen einen Weg suchen, das Bild des anderen Partners im eigenen Volk erträglich zu machen. Einige Herren haben erwähnt, daß es schon drei Generationen sind. Diese Leute sind nicht in den Goldenen Bergen verwurzelt. Ich selbst habe Kinder dorthin geführt, so ein literarisch–dramatischer Zirkel und ich bin mit ihnen auch rausgegangen und, stellen Sie sich vor, sie kannten keine Ortsnamen. Dort ist das Feld U křížku, da ist die Kramář–Quelle ... die übliche Verwurzelung des Menschen in die Landschaft existierte dort überhaupt nicht, weil das eigentlich eine Generation von Kindern war, die dort geboren sind. Die haben diese Namen erst entdeckt und diese Menschen sind weitaus ängstlicher. Es ist nicht so, daß sie böse Verbrecher wären, die sich dort den Besitz erklaut und verwüstet haben. Diese Menschen sind dort geboren, waren stumme

Zeugen der Devastierung durch ihre Eltern und erst jetzt versuchen sie, sich neu zu verwurzeln. Diese Menschen in Tachau, in Marienbad bewerben sich intensiv darum, eine Arbeitserlaubnis zum sog. Pendeln zu bekommen, dabei bringt dieser ökonomische Vorteil ganz paradoxerweise einen psychologischen Nachteil. Für ein wesentlich niedrigeres Gehalt als der übliche Qualifikationsstandard ist, machen sie eine Arbeit, die unter ihrem Qualifikationsniveau liegt, für den Preis, daß sie außergewöhnlich viel verdienen. Und diesen außergewöhnlichen Verdienst bringen sie mit nach Hause und werden Zielscheibe des Hasses ihrer Mitbürger. Sie selbst sind froh, weil sie es wegen dieses Unterschieds machen. Trotzdem tragen sie irgendeinen Schmerz in sich, daß sie jetzt Arbeiter zweiten Ranges sind. Eben Pendler. Wir müssen uns konkrete Projekte der Abhilfe ausdenken, die nicht irgendwelche Deklarationen o.ä. sind.

Marie Karpašová

Ich möchte einige Sätze dazu sagen, weil mir scheint, daß wir hier ein ganzes Knäuel von Problemen entwirrt haben, die zwar miteinander zusammenhängen, aber so kompliziert sind, daß es uns nur schwer gelingen wird, zu irgendwelchen soliden Schlüssen zu kommen. Es wurde hier an Präsident Havel erinnert. Václav Havel hat sich als Bürger Havel bei den Sudetendeutschen entschuldigt. Wer unsere politische Szene genau verfolgt, weiß, daß er danach als Präsident Havel auftrat. Der Standpunkt war ein bißchen abweichend. Ich als Historikerin habe das sehr aufmerksam verfolgt. Das ist die eine Sache. Die andere Sache ist, daß das eine den Sudetendeutschen angebotene Hand war. Ich persönlich beschäftige mich wirklich 14 Jahre mit dieser Problematik und vermute, daß sich die Probleme der Sudetendeutschen nicht vom Tisch fegen lassen. Ich beschäftige mich beruflich mit den deutsch–tschechischen Beziehungen. Ich spreche deshalb davon, weil momentan in der Tschechischen Republik die Frage der Staatsbürgerschaft, der Doppelstaatsbürgerschaft der Slowaken auftaucht. Deshalb verstehe ich das momentan besser, obwohl wir uns das nirgendwo eingestanden haben. Ich mußte einige meiner Standpunkte umbewerten und bis selbst darauf gekommen, was wohl die Sudetendeutschen heute nach soviel Jahren, nach der Aussiedlung aus diesen Gebieten fühlen müssen. Wir hören das Wort „Vertreibung" nicht gern. Es ist wahr, bei uns verwendet man lieber das Wort Aussiedlung oder Transport. Das sind feine Nuancen, aber ich denke, daß die Kollegen aus Deutschland mich sehr gut verstehen. Ich denke, daß wenn wir hier solche Sachen öffnen, daß wir auf die linke oder auf die rechte Seite des politischen Spektrums oder überhaupt auf die momentane politische Situation bei uns schauen, werden wir wohl nichts erreichen. In der Tschechoslowakei oder, wenn Sie wollen, im entstehenden Tschechischen Staat existiert vorläufig, und sagen wir uns das endlich offen, keine Demokratie. Berücksichtigen Sie, wie sich die Kollegen der einzelnen politischen Parteien gegenseitig beweisen, Dinge zu erklären, Ich muß mich manchmal tief schämen. Das ist keine politische Kultur. Das läßt sich nicht in drei Jahren lernen, deshalb müssen die Freunde aus Deutschland wohl ein bißchen verstehen, daß wir am Anfang des Weges sind und daß sie mit uns manchmal etwas Geduld haben müssen. Ich erlaube mir, nur für die Experten, Historiker und hauptsachlich für Reichenberg zu sprechen, daß wir uns mit diesen Problemen beschäftigen, daß wir eine große Publikation vorbereiten, die auch die Vertreibung der Deutschen aus Reichenberg betreffen wird. Sie soll im nächsten Jahr herauskommen und ich denke, dann wird es in Reichenberg mehr zum Reden geben. Es ist wahr, daß auch mein elfjähriger Sohn von diesen Problemen nichts weiß, aber ich bin 1954 geboren und auch auf der Hochschule hat man uns über diese Problematik nicht viel beigebracht.

Václav Houžvička

Ich möchte vor allem sagen, daß ich nicht nur für mich spreche, sondern für das Team von Kollegen, mit denen wir das tschechische Grenzgebiet erforschen. Unser langfristig konzipiertes Programm läuft bereits zwei Jahre unter dem Titel „Das tschechische Grenzgebiet im Prozeß der europäischen Integration". Einige Teil– und Endergebnisse der soziologischen Forschung, die in allen an deutschsprachige Länder angrenzenden Gebieten durchgeführt wurde, sind bereits veröffentlicht worden, und ich denke, daß Sie von einigen Ergebnissen erfahren haben. Einige von Ihnen hatten die Möglichkeit, sich auf der Konferenz „Verschwiegene Minderheit" in Iglau mit den Ergebnissen bekannt zu machen. Ich möchte heute die Zahlen nicht wiederholen, die an sich selbst langweilig sein könnten. Diese Zahlen sagen etwas aus und daraus lassen sich einige Zusammenhange und Erwägungen ableiten. Erlauben Sie mir deshalb eine Bemerkung, die Ihnen den Stand des gesellschaftlichen Bewußtseins der Menschen im tschechischen Grenzgebiet näherbringen soll. Das Gebiet, wovon die Rede ist und sein wird und das Gebiet, das im Grunde genommen Gegenstand Ihres Interesses ist, wird in naher Zukunft eine weit größere Rolle als heute spielen. Nicht nur eine positive im Zusammenhang mit der Kooperation über die Grenzzusammenarbeit, sondern auch im Zusammenhang damit, daß es ein Gebiet ist, das in den letzten Jahren Anlaß zu Streit war. Nichtsdestotrotz denke ich nicht daran, mit dem Auseinandernehmen historischer Umstände dessen zu beginnen, was sich im tschechischen Grenzgebiet seit den dreißiger Jahren bis zur Gegenwart abgespielt hat. Ich möchte Sie auf der Grundlage unserer Angaben auf die besondere Beziehung der Gesellschaft in der Tschechoslowakei und insbesondere auf die besondere Beziehung des Denkens und der Haltung der Menschen im Grenzgebiet aufmerksam machen. Sie ist gekennzeichnet durch die Vertreibung, und das in dem Sinne, daß einige Gebiete bis in die heutigen Tage nicht vollständig besiedelt wurden und wenn doch, dann keineswegs

104

mit der qualitativ entsprechenden Bevölkerungsstruktur. In diesem Gebiet erweist sich die gegenwärtige komplizierte Situation sehr stark in dem Sinne, daß Marktwirtschaft und Konkurrenz nicht zurückkommen, was ein tiefer Bruch im Denken der Menschen ist. Das ist ein Ansturm auf ihre Möglichkeiten und Fähigkeiten, sich neuen Lebens– und Wirtschaftsbedingungen anzupassen. Von diesem Ansturm geht in vielen Fällen ein Gefühl der Bedrohung aus. Mehr als 80 % der Menschen fühlen sich durch Arbeitslosigkeit bedroht. Das sind Angaben vom vergangenen Jahr, als die ökonomische Situation noch bei weitem nicht so dramatisch war, wie in dem Moment, da eine Welle von Bankrotts erwartet wird. Im Zusammenhang damit läßt sich im Verlaufe des kommenden Jahres ein Anwachsen der Arbeitslosigkeit bis zu 10 % erwarten. Die Nervosität in der Gesellschaft geht aus der schlechten Wirtschaftssituation hervor. Ich weise aus dem Grunde darauf hin, weil die Bewohner des Grenzgebietes im weiter fortsetzenden deutsch–tschechischen Dialog eine bedeutende Rolle spielen und im Grunde genommen Partner der deutschen Seite sein werden. Natürlich muß jede Seite auf eine bestimmte Art und Weise nachgeben, und der Ausgangspunkt liegt darin, worauf Dr. Hilf und Dr. Pechl bereits aufmerksam gemacht haben, daß es nötig ist, sich in die Psyche und Art der Partnerseite hineinzufühlen. Es besteht die Forderung von seiten der sudetendeutschen Landmannschaft, daß die Frage zwischen Tschechen und Deutschen auf irgendeine Weise geregelt wird, daß in gewisser Weise die durch die Aussiedlung der Sudetendeutschen aus dem Grenzgebiet aufgerissene Wunde heilt.

Ich möchte darauf hinweisen, daß diese Forderung gerade in dieses Milieu kommt, das gewaltig nervös ist. Die Tschechoslowakei hat zur Zeit eine Reihe von Problemen. Eine Verhandlung erfordert einen starken, selbstbewußten Partner, der sich auch großzügige Zugeständnisse leisten kann. Ich möchte hier ausdrücklich sagen, daß die Tschechoslowakei im Moment nicht dieser Partner ist. Es wird eine Weile dauern, bis sie es wird. Wir haben z.B. das Bild des Deutschen in den Augen der tschechischen Einwohner erforscht, aber auch das Selbstbewußtsein der Tschechen und die Selbsteinschätzung ihrer Fähigkeiten und Möglichkeiten. Es sind alarmierende Angaben, aus denen hervorgeht, daß die tschechische Bevölkerung aus verschiedenen Gründen ein erheblich gestörtes Selbstbewußtsein hat. Ich glaube wirklich, daß trotzdem darüber diskret geschwiegen wird, weil es ein riesiges Schuldgefühl dafür gibt, was sich hier nach 1949 abgespielt hat. Diese Dinge sind sehr kompliziert und offen. Ich möchte darauf hinweisen, daß zur Zeit in der Tschechoslowakei oder in Tschechien wirklich alles offen ist. Die unabhängige staatliche Existenz ist offen, die Wirtschaft und ihre weitere Entwicklung sind offen, die Rolle des neuen tschechischen Staates in der internationalen Szene ist nicht definiert, eine neue tschechische Identität wird gesucht. Wenn in diese nervöse Atmosphäre die Forderung der Sudetendeutschen dringt in der Form, wie sie z.B. Herr Neubauer formuliert hat, dann kann das eine völlig umgekehrte Reaktion hervorrufen und die deutsch–tschechischen Beziehungen schädigen. Sie könnte nationalistische Tendenzen im tschechischen Grenzgebiet hervorrufen, die dort unseren Forschungen zufolge nicht oder nur schwach existieren. Das war eine der Erkenntnisse, die uns sehr überrascht hat, daß diese entgegenkommende Haltung der Tschechen den Deutschen gegenüber sehr gut ist.

Die Tschechen beherrschen oder lernen Deutsch. Wir haben die Beziehung zum Deutschtum, zum Phänomen des Deutschtums, zur deutschen Kultur und zur deutschen Sprache erforscht. Während dieser ökonomischen Situation verspricht sich eine Reihe von Bewohnern des Grenzgebietes eine Verbesserung ihrer eigenen ökonomischen Situation dadurch, daß sie eine Möglichkeit bekommen, in Deutschland oder in einer deutschen Firma zu arbeiten. Die Forderungen von seiten der Sudetendeutschen sollten einfach klar definiert sein in dem Sinne, daß es sich um eine moralische Satisfaktion handelt, die einfach verständlich ist, aber das hat weder von der deutschen noch von der tschechischen Seite jemand ganz eindeutig gesagt. Ich möchte auf der Grundlage unserer Forschungsergebnisse daran appellieren, daß von seiten der Sudetendeutschen Geduld und die Fähigkeit gezeigt werden, sich in das Gegenwärtige, in die Situation und Denkweise der Tschechen, in der sie sich befinden, hineinzudenken. Deutschland ist wieder eine Kontinentalmacht und die natürliche Reaktion auf tschechischer Seite ist ein Gefühl der Bedrohung. Ob dieses Gefühl begründet ist oder nicht, ist eine andere Sache. Ich spreche von der emotionalen Komponente in den Bedenken der Menschen und besonders der Menschen im Grenzgebiet, die sich dessen bewußt sind, daß sie in einem Territorium leben, daß für eine deutsch–tschechische Annäherung in Frage kommen könnte. Das sind also einige Anmerkungen zu den Forschungsergebnissen gewesen. Zum großen Teil sind die soziologischen Ergebnisse in der Sommer–Doppelnummer 35/36 des „Reportér" veröffentlicht worden. Wir bereiten auch eine Serie für die Prager Zeitung vor, die Ergebnisse werden auch in weiteren Fachzeitschriften und Periodika publiziert. Wir wollen das Forschungsprogramm über das Grenzgebiet fortsetzen, weil wir es für tragbar halten. Wir haben auch in den Universitäten Göttingen und Bayreuth Partner gefunden, die sehr eng mit uns zusammenarbeiten. Wir beteiligen uns auch an Projekten in der Euregio Egrensis und ich nehme an, daß die deutsch–tschechischen Beziehungen eine große Zukunft vor sich haben.

Es ist aber richtig, daß einige Dinge von tschechischer Seite Zeit brauchen, um zu reifen. Sie wissen gut, daß gestern auch die Bemerkung fiel, daß der Standpunkt der tschechischen Regierung zu den Euroregionen bisher nicht geklärt sei. Ob Euroregion ja oder nein. Die Prager Zentralbürokratie fühlt sich in gewissem Maße dadurch bedroht, daß einige Kompetenzen auf die Regionen übertragen werden. Ich möchte darauf verweisen, daß von deutscher Seite Geduld und Verständnis dafür nötig ist, was in Tschechien passiert. Wir haben auch danach gefragt, ob die Leute dem zustimmen würden, daß die Sudetendeutschen ins Grenzgebiet zurückkehren. Die Situation ist dynamisch, das sind Angaben vom Juni und eine Rückkehr von Sudetendeutschen in die eigene Gemeinde würden 3,4 % begrüßen. 25 % der Einwohner antworten: „das ist mir egal". 45 % sind gegen eine Rückkehr und 26 % wissen es nicht. Hier muß darauf aufmerksam gemacht werden, daß die Menschen ganz rational antworten, weil sie ehemals deutsches Eigentum bewohnen und sich eine Rückkehr der Deutschen einfach nicht wünschen. Wir haben auch einen Vergleich mit einer Forschung gemacht, die im Landesinneren durchgeführt wurde, wo dieser Zusammenhang nicht besteht. Die Ergebnisse sind im Grunde genommen die gleichen. Mehr als 50 % der Bevölkerung wünschen sich die Rückkehr der Deutschen nicht. Ich persönlich vermute, daß sich diese Dinge in Zeit und Raum ändern werden.

Josef Byrtus

Meine Damen und Herren, ich weiß, daß die Zeit weit fortgeschritten ist und ich spät zur heutigen Verhandlung erschienen bin. Trotzdem bin ich ums Wort gebeten worden, ich werden also eine Weile sprechen. Wie ich die euroregionale Zusammenarbeit verstehe, habe ich bereits auf der Konferenz in Iglau im Frühjahr diesen Jahres gesagt. Wir sprechen über den Mangel an Rechtsregelung auf tschechischer Seite, die verhindert, in vollem Umfang zu erreichen, daß sich die regionale Zusammenarbeit auf dem Niveau befindet, das sie verdient. Es wird nie dem Staat obliegen, die regionale Zusammenarbeit in den Grenzregionen zu regeln. Das muß die Sache von Regionen sein, die Vollmacht und Kompetenzen besitzen werden, aber auch Verantwortung tragen müssen. Unsere Gesetzgebung hat eine ganze Reihe von Fehlern. Einer dieser Fehler ist, daß sie bisher noch nicht ganz mit der europäischen Gesetzgebung kompatibel ist. Die Aufgabe, eine Harmonisierung der tschechischen Rechtsordnung mit der üblichen Rechtsordnung in den Ländern der europäischen Gemeinschaft zu erreichen, ist bereits vergeben. Und jetzt konkret zur Frage der euroregionalen Zusammenarbeit. Wenn wir im Rahmen der regionalen Tätigkeit den Gedanken voll akzeptiert haben, daß die Ostgrenze im Sinne der Maastricht–Verträge der EG gegen die große Welle aus südlichen und südöstlichen Regionen gesichert sein sollte, dann betrifft das natürlich unmittelbar die deutsche und die tschechische Grenze. Daraus gehen zweierlei Herangehensweisen hervor. Die erste ist die der Staatspolitik zur Lösung von Problemen der Regionalentwicklung im Bereich der gemeinsamen Grenzen. Zwischen der Tschechischen Republik und Bayern existiert eine Rechtsregelung, die noch vom Premier vor der Max–Streibl–Regierung unterzeichnet wurde und konsequent erfüllt wird und auch weiterhin erfüllt werden wird. Es fehlt uns ein Dokument auf der tschechisch–sächsischen Seite. Es muß gesagt werden, daß auch hier der Bedarf so groß ist, daß es zu einer Lösung kommen wird. Das ist also vom Blickpunkt der Staatspo-

108

litik aus, die die Voraussetzungen für die Entwicklung der Zusammenarbeit der Regionen schaffen muß, und wenn sie überhaupt nichts schaffen will, dann ist es ein großes Plus, daß sie in diese Zusammenarbeit nicht eingreifen wird, wenn sie schon nicht helfen will.

Anton Otte

Wir sind hier beisammen, Deutsche und Tschechen, und wir haben uns einem Trauma gewidmet, das unsere Beziehungen erschwert, dem Trauma der Vertreibung. Wir haben uns hier nicht ausführlich über das zweite Trauma unterhalten, das auch existiert, und das ist das Trauma München. Wir als Sudetendeutsche sind uns natürlich bewußt, daß wir auch miteinander über dieses Trauma reden müssen und ich hoffe, daß es in absehbarer Zeit dazu kommen wird.

Jaroslav Šabata

Es existieren Fragezeichen darüber, inwieweit München ein legitimer Akt in der internationalen politischen Szene war oder nicht war. Darauf zielte eine der letzten Anmerkungen, die ein Vertreter der Ackermann–Gemeinde vortrug, hin. Ich bin sehr dankbar, daß er sie hier vorgetragen hat. Aus alldem geht allerdings gleichzeitig hervor, daß wir Vergangenheit im Hinblick auf die Zukunft aufarbeiten. Vorurteile aller Art sind Thema einer breiten Dialoggemeinschaft, besonders unter Berücksichtigung der Öffentlichkeit. In der Diskussion wurde betont, daß hier ein beträchtlicher Kreis von Leuten existiert, die (auch in subtilen und eher heiklen Lagen) Sinn für Integrationsprozesse in Europa haben. Immernoch ungenügend wird in Richtung Öffentlichkeit gearbeitet, was begreiflicherweise auch die Frage nach den Aktivitäten der Medienbeteiligung jeglicher Art, besonders der einflußreichsten, stellt.

Zwei Bemerkungen zu den Fragen. Die erste knüpft daran an, was gerade Herr Pfarrer Otte gesagt hat. Sie läßt sich in einer Losung zusammenfassen, die Dr. Hilf ausgesprochen hat: „Weg mit den Gespenstern". Wir müssen uns der realen Situation bewußt sein und das ganze System von Vorurteilen, also Gespenstern, durchbrechen. Das ist unsere gemeinsame und tiefe Überzeugung. Zum zweiten der Begriff „Runder Tisch". Das, wozu wir hier aufrufen, ist ein Runder Tisch, also eine Versammlung all derer, die das Gespräch führen wollen. Es ist bekannt, daß jener Runde Tisch, zu dessen Einrichtung die tschechische Regierung von der Sudetendeutschen Landsmannschaft aufgefordert wurde, nicht das ist, was die tschechische Regierung für aktuell befand. Ihr Partner ist Bonn, wie bereits in anderem Zusammenhang gesagt worden ist.

Peter Becher

Lieber Herr Morávek, auch ich werde immer wieder als Linksstehender eingestuft, also tragen wir dieses Schicksal gemeinsam und sorgen wir für eine gute Ausgewogenheit der Diskussion. Lassen Sie mich gleich mit einer Provokation beginnen. Wir reden über sudetendeutsch–tschechische Gespräche, meiner Meinung nach hat es bis heute sudetendeutsch–tschechische Gespräche überhaupt noch nicht gegeben. Es hat gegeben – viel Geplänkel, viele Pressegefechte, viel Dilettantismus und das, was ich als Redundanzdiplomatie bezeichnen möchte. Lediglich auf kirchlicher Ebene, vor allem durch die Tätigkeit der Ackermann–Gemeinde, und auf kulturellem Gebiet hat es Kontakte gegeben, die tatsächlich so etwas wie ein Netzwerk entwickelt haben, also genau das, was wir für die Zukunft brauchen. Es hat viele wohltemperierte Konferenzen gegeben, die sicher gute und wichtige Zeichen gesetzt haben, so wie auch die heutige Konferenz. Aber diese Konferenzen stellen auch eine ganz große Gefahr dar, nämlich daß sie als Alibifunktion verstanden werden, für die Gespräche, die überhaupt noch nicht stattgefunden haben.

Wir sind eine intellektuelle Minderheit von Gesprächspartnern, die sich im Grund gegenseitig das bestätigen, was wir schon wissen, nämlich, daß wir miteinander sprechen wollen. Die Mehrheit der Desinteressierten steht uns gegenüber, und in dieser Mehrheit der Desinteressierten nehmen diejenigen, welche ablehnend sind, welche verletzt sind, ja, welche vielleicht sogar nur Haßgefühle teilen, einen nicht unbedeutenden Teil ein. Von einer Normalität der Beziehung können wir, so meine ich, noch lange nicht sprechen. Das können wir erst dann, wenn wir bereit sind, die andere Seite nicht mehr an der Minderheit ihrer radikalen Stimmen zu bemessen, sondern an der Mehrheit ihrer versöhnlichen Stimmung oder, wenn ich das etwas plakativ und vielleicht wieder provokativ auf den Punkt bringen darf, von Normalität möchte ich erst dann sprechen, wenn die Sudetendeutsche Zeitung bereit ist, auch tschechische Stimmen über die NS–Zeit zu publizieren und wenn „Rudé Právo" bereit ist, auch sudetendeutsche Stimmen über die Vertreibung zu veroffentlichen. Davon sind wir, glaube ich, noch meilenweit entfernt.

Man könnte aber auch hinzufügen, wenn eine Süddeutsche Zeitung bereit ist, über eine Bundesversammlung der Sudetendeutschen Landsmannschaft nicht nur auf der ersten Seite im Kontext von anderen Nachrichten zu berichten, in einem Kontext, der diese Bundesversammlung eindeutig in einen rechtsradikalen, neofaschistischen Zusammenhang stellt. Auch hier liegt noch vieles im Argen.

Herr R. Hilf hat heute morgen über den weiteren Kontext unserer Diskussionen gesprochen, in einer Art und Weise, wie ich das noch nie gehört habe. Ich bin ihm dafür sehr dankbar, weil er mir damit auch klargemacht hat, wie sehr wir eigentlich nach wie vor in den Teilproblemen verfangen sind. Ich frage mich, warum wir das sind und ich denke, das hängt einfach mit der Erfahrung unserer Volksgruppe zusammen, vor allem durch den Leidensteil unserer Erfahrungen, der unsere Sichtweite bis zum heutigen Tag eingeengt hat, und die Kehrseite dieser Einengung ist, daß wir den weiteren Kontext, auf den es immer mehr ankommt, ausblenden.

Ich habe den Eindruck, viele glauben, daß dann, wenn die Demütigungen, wenn die Verletzungen, wenn das Unrecht der Vergangenheit wieder gutgemacht ist, daß dann automatisch alles in Ordnung wäre und ich glaube, das ist eine viel zu kurz gesehene Auffassung. Ich möchte in diesem Zusammenhang zwei Begriffe kurz differenzieren und Sie bitten, einer vielleicht etwas komplizierten Überlegung zu folgen. Der erste Begriff ist der Begriff der Wahrheit, der immer wieder in den Diskussionen fällt, der meines Erachtens zwar wichtig ist, aber viel zu leichtfertig und vorschnell verwendet wird. Ich glaube nämlich, das hier eine Verwechslung stattfindet, daß immer wieder die subjektive Auffassung von Wahrheit als das angegeben wird, was man objektiv als Wahrheit bezeichnen müßte. Ich möchte darauf hinweisen, was diese Auffassung mit sich bringt, denn wenn wir davon ausgehen, daß das, was wir subjektiv für wahr halten, tatsächlich Wahrheit ist, dann sagen wir zur gleichen Zeit, daß jeder, der diese Wahrheit nicht sieht, entweder ein absoluter Ignorant ist oder ein Lügner. Aber ich glaube, daß es darum nicht gehen kann. Ich möchte daher dafür plädieren, diesen Begriff Wahrheit endlich aus den Diskussionen zu streichen und viel mehr über

113

Wahrnehmungen und über Erfahrungen zu sprechen, denn ein Tscheche, dessen Vater unter Heydrich ermordet worden ist, wird über die sogenannte historische Wahrheit ganz anders sprechen als ein Sudetendeutscher, dessen Mutter bei der Vertreibung umgebracht wurde. Das sind einfach Momente, die in unserer Auffassung von historischer Wahrheit eingehen und die wir deshalb berücksichtigen sollten.

Der zweite Punkt betrifft die Bilder, die wir von uns machen. Haben Sie sich eigentlich einmal klar gemacht, wie stark die Bilder von Sudetendeutschen und Tschechen aufeinandertreffen? Was haben die Sudetendeutschen von sich für ein Bild? Sie haben das Bild von sich, daß sie in der ersten Tschechoslowakischen Republik zu Unrecht in einen Staat gezwungen und so lange benachteiligt wurden, bis sie keine andere Möglichkeit mehr hatten, als sich an das große Deutschland anzulehnen. Daß sie dann von den Tschechen vertrieben worden sind, in ein Deutschland, daß nur eine Trümmerlandschaft war, daß sie dort von den Einheimischen überhaupt nicht akzeptiert wurden, daß sie mühevolle Jahre um ihr Existenzrecht kämpfen mußten und daß sie bis zum heutigen Tage von dem überwiegenden Großteil der bundesdeutschen Presse brüskiert werden, daß man ihnen niemals gestattet hat, in der Öffentlichkeit die Trauer über die Vertreibung zu verarbeiten, daß man sie immer sofort in eine rechtsradikale Ecke gerückt hat, sobald sie daran nur erinnern wollten. So ganz kurz das Selbstbild der Sudetendeutschen.

Wie aber sehen die Tschechen die Sudetendeutschen? Die Tschechen sehen die Sudetendeutschen vor allem als den verlängerten Arm des riesengroßen Deutschen Reiches, dieser großen deutschen Nation, mit dieser übermäßigen politischen und dieser übermäßigen wirtschaftlichen Macht. Die Tschechen sehen die Sudetendeutschen als eine irredentistische Gruppe, welche den ersten Tschechoslowakischen Staat vernichtet hat, indem sie sich von Hitler als fünfte Kolonne benutzen ließ, und nun haben sie den Eindruck, daß ausgerechnet diese Personen, diese Bevölkerungsgruppe, die jetzt zurückkommen will, daß ausgerechnet jetzt diejenigen zurückkommen wollen, denen es in den letzten 40 Jahren im Westen zu gut gegangen ist. Man sieht also, wie da schon die Bilder auseinandergehen, aber ich glaube, es ist ähnlich wie mit den Bildern, die über die tschechische Seite bestehen. Welches Bild haben denn die Tschechen von sich und welches Bild haben die Sudetendeutschen von den Tschechen? Ich möchte das jetzt nicht weiter ausführen, aber ich möchte darauf hinweisen, das wir auch solchen Gedankengangen nachgehen müssen, wenn wir dieses komplizierte

114

Verhältnis von Sudetendeutschen und Tschechen nur einigermaßen in den Griff bekommen wollen.

Ich stelle eine Unfähigkeit auf beiden Seiten fest, sich aus dem Kontext der Betroffenheit herauszulösen, und diese Unfähigkeit mache ich dafür verantwortlich, daß auf beiden Seiten so überempfindlich reagiert wird, daß unter anderem alle diplomatischen Grundregeln in Kraft gesetzt werden, wenn etwa Franz Neubauer mit Marián Čalfa in München zusammentrifft, denn die Umstände dieses Zusammentreffens waren für Leute, die doch jahrelang als Politiker tätig waren, im Grunde eine Bankrotterklärung. Ich glaube, daß diese Unfähigkeit sich aus dem Kontext der Betroffenheit zu lösen, auch dazu führt, die Chance nicht wahrzunehmen, die sich wirklich in diesem Jahre jetzt für uns beide ergibt, so wie das Herr Hilf heute morgen formuliert hat.

Wir sind so sehr auf die Vergangenheit fixiert, daß wir es versäumt haben, Konzepte zu entwerfen, wie wir denn jetzt in einer vollkommen veränderten Gegenwart wieder zusammenkommen könnten, und aus diesem Grund begrüße ich die Fragen, die Herr Loužil heute vormittag gestellt hat, außerorderntlich, denn er hat damit genau den Finger auf den Punkt gesetzt. Als was könnten denn Sudetendeutsche heute wieder in die Tschechoslowakei kommen? Mit welchem Selbstverständnis und in was für einen Staat, von ihrem Selbstverständnis her gesehen, und ich würde vielleicht noch einen weiteren Punkt hinzufügen: Wie stellen sie sich ihr Kommen vor? Als Einzelne oder als Volksgruppe? Das ist ja auch eine ganz entscheidende Frage. Darüber gibt es keine Konzepte, darüber müssen wir reden und das ist mein Schlußplädoyer, es muß Gespräche geben und Gespräche und Gespräche, es muß Begegnungen auf allen Ebenen geben, sowohl auf der politischen Ebene, wie auf der kirchlichen und der kulturellen.

Walter Piverka

Es ist heute sehr viel gesagt worden über die Problematik der Deutschen und der Sudetendeutschen und ich muß dazu sagen, daß ich eigentlich in der Vergangenheit, noch während der Vertrag ausgearbeitet wurde, noch als Abgeordneter sehr viele Tischgespräche mitgemacht habe und es zeigte sich immer wieder, es hat sich auch heute früh gezeigt, daß man eigentlich, obwohl man über das Verhältnis Deutsche und Tschechen sprach, schon auf das Thema der Sudetendeutschen und der Tschechen eingegangen ist.

Es ist hier wirklich in diesem Land ein gewisses Trauma, über das man hinwegkommen muß, ob man es jetzt unter den Tisch fegen wollte, oder ob man eben eine gemeinsame Sprache findet.

Vielleicht ist es aber gut zu sagen, daß es außer den vertriebenen Sudetendeutschen auch Sudetendeutsche gibt, die im Lande verblieben sind, und zwar waren es nach dem Kriege 350 000. Vielleicht wäre es gut hier zu sagen, daß es auch für diese Leute in diesem Staate eine Vertreibung gab und zwar die sogenannte innere Vertreibung. Wir haben vor mehr als 3 Jahren feststellen müssen, als wir einen größeren Fernsehaufruf hatten zu unseren deutschen Mitbürgern und da meldeten sich Bürger aus Regionen, wo es früher gar keine Deutschen gab. Das ist ein Beweis dafür, daß es auch eine innere Vertreibung gab. Ich möchte vielleicht noch kurz den Leidensweg dieser Bürger in die Erinnerung zurückrufen, obwohl sie von Anfang an keine Bürger dieses Staates waren, weil sie um die Staatsangehörigkeit gekommen sind. Nach dem Krieg wurde die Vertreibung 1947 vorübergehend eingestellt, weil Deutschland überfüllt war. Dann kam der Putsch im Februar 1948, so daß es nicht mehr notwendig war, mit der Vertreibung fortzusetzen und die Menschen blieben als Arbeitskräfte hier. Das hieß jedoch nicht, daß diese Menschen jetzt bereits als volle Bürger anerkannt worden wären, im Gegenteil. Erstens wurden sie weiterhin als Deutsche betrachtet, d.h. als diejenigen, die den Krieg verloren und mitgeholfen haben, die Tschechoslowakei zu vernichten. Verpönt wurden sie dann noch ein

116

Dr. Rudolf Hilf, Dr. Otto Paleczek.

117

zweitens Mal, weil praktisch jeder von ihnen Angehörige im westlichen Ausland hatte und deshalb waren sie angesehen.

1960 wurde die Tschechoslowakei zur sozialistischen Republik „erhoben" und die deutsche Minderheit in der Verfassung nicht mehr erwähnt. Im Vorwort zu dieser Verfassung stand, daß das Problem der deutschen Minderheit durch das Postdamer Abkommen ein für allemal gelöst wurde. Und so begann die Zwangsassimilierung; einzelne Gruppierungen, die sich in den Gebieten herausgebildet hatten, wurden mit dem Hinweis aufgelöst, sie hätten ein zu niedriges sozialistisches Niveau.

1968 kam die deutsche Volksgruppe wieder in die Verfassung, aber außer dem Verfassungsgesetz kam kein weiteres Gesetz mehr hinzu, das die Rechte der deutschen Volksgruppe gestärkt oder festgelegt hätte. In dieser Zeit wurde auch der Kulturverband der Bürger deutscher Nationalität gegründet. Ich war Mitbegründer und nach 1968, d.h. nach der Okkupation, im Verlaufe der „Normalisierung" ging wieder alles zurück, auch der Kulturverband wurde „normalisiert", d.h. an die Spitze kamen dann solche Funktionäre, die linientreu waren.

1989 entstand dann im Bürgerforum eine Deutsche Sektion und 1990 ein neuer Verband, der Verband der Deutschen in der Tschechoslowakei. Es ist so, daß die Angehörigen dieser Volksgruppe, also der Deutschen hier, spätestens 1953 die Staatsangehörigkeit zurückbekamen und zurücknehmen mußten. Sie dürfen aber keinen Anspruch auf Rückgabe des Eigentums erheben – das sind Fragen, die bis heute offenstehen.

Nach 1990 hat der Verband der Deutschen versucht, weitere Regionalverbände zu gründen. 1991 wurde die Dachorganisation des Verbandes der Deutschen in der Tschechoslowakei gegründet. Weil einer der Verbände, der Kulturverband, nicht mitmachen wollte, initiierten wir in diesem Jahr eine Arbeitsgemeinschaft der Deutschen Verbände und alle selbständig eingetragenen Verbände und Vereine konnten einsteigen. Wir haben uns in einem engeren Kreis am 4. und 5. September getroffen und bereits einige Beschlüsse angenommen, und zwar um ein gemeinsames Budget vorzulegen und eine Landesversammlung aufzustellen, d.h., eine Vertretung der Deutschen, die im Lande sind, und zwar nach einem Schlüssel der letzten Volkszählung, die 1991 durchgeführt wurde. Wir wissen, daß die Volkszählung nicht den Tatsachen entspricht, daß die Anzahl der Bürger deutscher Herkunft viel größer ist, wir nehmen doppelt so viel an, die Anzahl der deutschen Bürger in dieser Republik betragt lant der Volkszählung 53 000.

Vor mehr als einer Woche haben wir hier in Reichenberg die konstituierende Landesversammlung ins Leben gerufen und möchten als Repräsentation der Deutschen Volksgruppe in diesem Lande mithelfen, auch in Zusammenarbeit mit den im Lande lebenden Bürgern; denn wir fühlen uns als Bürger dieses Landes, und ich bin überzeugt, daß wir als „Brückenbauer" mithelfen können. Erstens von der Sprache her, weil ja die meisten heute auch tschechisch beherrschen, zweitens natürlich auch als Kenner dieses Landes und, ich würde sagen, von der Mentalität her, daß wir die Zusammenarbeit und eine Überbrückung der Vergangenheit eben hier anstreben können, mit gemeinsamem Willen und gemeinsamer Zukunft.

Otto Paleczek

Ich wollte noch einmal kurz zurückkommen auf das, was Generalsekretär Franz Olbert von der Ackermann–Gemeinde sagte, und zwar einfach zusammengefaßt: „Wir müssen die positiven Kräfte stärken". Und da möchte ich Ihnen ein Gefühl mitteilen, das uns alle, die als Sudetendeutsche in Deutschland leben, bedrückt. Sie wissen, es gibt 80 Millionen Deutsche und davon sind 3 Millionen Sudetendeutsche. Ich glaube, wir haben hier ein gemeinsames Problem, die Tschechen und die Sudetendeutschen. Von diesen 80 Millionen Deutschen wissen die meisten, ich möchte es mal sehr hart sagen, so gut wie nichts über die Situation, über die Probleme und über die wirtschaftlichen Nöte und Sorgen hier in diesem Lande. Das ist ein großes Problem, wir haben immer wieder versucht, hier entgegenzuarbeiten, aufzuklären, etwas zu tun, aber ich nenne ein Beispiel, was mich wieder ein bißchen traurig gemacht hat. Vergangene Woche erschien in der Kölner Kirchenzeitung ein Bericht über eine ökumenische Gruppe aus dem Rheinland, die kam nach Sachsen und hierher nach Reichenberg und Gablonz. Man hat Gespräche geführt mit dem guten Willen, ganz positive Kontakte herzustellen, gegenseitige Verständnis zu erfahren. Und in der Berichterstattung der Kirchenzeitung, wohlgemerkt, war dann zu lesen, daß man hier mit tschechischen Partnern, mit Baptisten usw. gesprochen hat ohne ein Wort davon, daß hier auch einmal viele Deutsche gelebt hatten, sondern es wurde einfach mal zitiert: „Ja, es gab hier Probleme, vor allem 1938, als deutsche Truppen einmarschierten und das sei damals sehr schwierig gewesen." Punkt, aus.

Sehen Sie, und das in einer der größten deutschen Kirchenzeitungen mit mehreren Millionen Lesern.

Das sind also die Dinge, die uns, die wir uns auch mit Ihnen nachbarschaftlich verbunden fühlen, ein bißchen traurig machen und ich glaube, wir sollten uns auch hier vielleicht mal gemeinsam etwas vornehmen. Wir sprechen ja heute vormittag vom Verhältnis der Deutschen und Tschechen, jetzt auch allgemein das deutsche und das tschechische Volk im Ganzen. Wir sollten gemeinsame Wege in Deutschland suchen, das jetzt der unmittelbare Nachbar ist, und es wird jetzt in noch viel intensiverem Maße der Nachbar der Tschechischen Republik sein. Wir sollten alles tun, um die Situation hier in diesem Lande dem deutschen Volk weit über die Sudetendeutschen hinaus nahezubringen. Ich glaube, das ist eine ganz, ganz wichtige Aufgabe, die wir uns gemeinsam vornehmen sollten.

Anton Otte

Ich hätte gern zwei Bemerkungen gemacht, und zwar aus den Beobachtungen, die ich in meiner Tätigkeit als Vertreter der Ackermann–Gemeinde in Prag in der Zeit hier gemacht habe. Mir fällt folgendes auf: In Expertenkreisen und, ich würde sagen, in einer gewissen sozialen Schicht können wir Sudetendeutschen und Tschechen uns vielleicht nicht verstehen, aber wir können miteinander reden. Die andere Frage ist das Bewußtsein der breiten Öffentlichkeit. Ich denke, das betrifft sowohl die breite Öffentlichkeit in Böhmen und Mähren, als auch die breite Öffentlichkeit der Sudetendeutschen. Und hier scheint mir das Problem zu liegen, oder umgekehrt, hier scheint mir die Bedeutung eines solchen Seminars und überhaupt der Öffentlichkeitsarbeit zu liegen.

Die tschechische Öffentlichkeit – sie hat meines Erachtens kein Verständnis dafür, was Vertreibung für die Deutschen, besonders für die Sudetendeutschen, bedeutet. Das ist etwas, was als etwas Existenzbedrohendes erfahren wurde. Daß die Vertreibung als solche, ob mit oder ohne Billigung der Siegermächte in Potsdam, eine unmenschliche, eine durch nichts zu rechtfertigende Maßnahme ist und in Zukunft auch zu gelten hat. Das Problem der sudetendeutschen Öffentlichkeit scheint mir darin zu liegen, daß die sudetendeutsche Öffentlichkeit wenig oder kein Verstandnis dafür hat, was München mit seinen Folgen für das tschechische Volk bedeutet hat. Die Sudetendeutschen unterhalten sich darüber, ob München rechtsgültig war. Ein Thema, denke ich, das für die Tschechen eigentlich von untergeordneter Bedeutung ist. München ist für die Tschechen ein existenzbedrohendes Ereignis, das die Gefahr heraufbeschworen hat, die gesamte tschechische Ethnik zu vernichten. Schwierig in beiden Aspekten ist die Frage der Mitwirkung der jeweiligen Leute. Ich denke, es leben immer noch Akteure, Leute, die sich beteiligt haben an der einen wie der anderen Aktion. Und das scheint es mir sehr schwer zu machen. Ich denke auch so, wenn ich so nachschaue oder gefragt habe, wo ist denn eigentlich so etwas in der Literatur? Es

wird wohl doch so gewesen sein, daß an diesen Aktionen auch Sude-
tendeutsche beteiligt gewesen sein sollen, das sage ich so als Jahrgang
39, als einer, wo man sagen kann, ich gehöre zu denen, die ja damit nichts
zu tun haben. Da wird es, denke ich, schwierig. Aber wir brauchen diese
Ehrlichkeit und wir müssen da rangehen. Ich denke, es ist wichtig, daß
da wohl jede Seite für sich mit der Gewissensforschung anfängt. Ich
möchte zum Schluß sagen, daß ich den Eindruck habe, daß die Ge-
wissensforschung auf tschechischer Seite weiter gediehen ist, als auf
sudetendeutscher.

Hans Sehling

Meine Damen und Herren, Herr Vorsitzender!

Mein Name ist Sehling, ich bin Professor für Wirtschaft an der Universität München und Personalchef des Arbeitsministeriums. Ich werde morgen bei der Diskussion die bayrische Staatsregierung vertreten, aber ich bin heute hier in meiner Funktion in der Sudetendeutschen Landsmannschaft. Ich darf mich hier für die Einladung recht herzlich bedanken. Ich bin seit 1956 auch Mitglied der Ackermann–Gemeinde, das möchte ich gleich dazu sagen, damit es nicht ausschaut, als ob die Ackermann–Gemeinde oder andere Gesinnungsgemeinschaften immer Gegner sind, sondern es gibt halt verschiedene Denkweisen. Ich bin heute hier in Vertretung unseres Sprechers Neubauer. Ich habe diese Vertretung allerdings erst vorgestern erfahren, ich konnte mich also nicht vorbereiten, dennoch möchte ein paar Bemerkungen machen.

Ich vertrete hier den Standpunkt der Sudetendeutschen Landsmannschaft, soweit wir eine Einheit sind; wir sind aber eher eine Summe, zu der auch ich gehöre. Ich bin mir bewußt, welche Rolle ich hier in diesem Kreis spiele, hier zu sein für die Sudetendeutsche Landsmannschaft: Wie schauen die aus, die sich jährlich zusammenrotten und aufmarschieren? Die Sudetendeutsche Landsmannschaft sieht sich als Vertretung der sudetendeutschen Volksgruppe. Das oberste gewählte Gremium, so eine Art Parlament, ist die Bundesversammlung aus 85 Mitgliedern aus den neuen Bundesländern und der bisherigen Bundesrepublik. Dazu kommen in dieser Bundesversammlung 34 Vertreter der Heimatgruppierungen, der Böhmerwälder, der Egerländer, eine ganze Reihe von Gruppierungen von Städten und Orten und alle zusammen wählen den Sprecher, das ist der Repräsentant unserer Volksgruppe. Ich bin der Präsident dieses Parlaments. Wie gesagt, wir sind eine Summe von Gruppierungen und haben natürlich auch verschiedene Meinungen, die werden ausgetragen und wir versuchen, eine Meinung herauszubringen.

Wir haben rund 130 000 Mitglieder, wir waren bei der Vertreibung drei Millionen, 800 000 sind in die sowjetische Besatzungszone gekommen. Damals 1945 bis 1946 wurden wir atomisiert, d.h. vertrieben in alle Gegenden. Die Züge, die über die Grenze gekommen sind, wurden aufgeteilt, damit ja nicht jemand zusammenbleibt, wurder in die verschiedensten Orte geschickt. So wurden also Familien zerrissen, es war hart, eine Vertreibung ist hart. Heute sind wir teilweise angesehene Bürger in der Bundesrepublik, in den verschiedenen Wohnorten, ich betone nicht Heimat, Heimat ist dort, wo man sie fühlt. Wir sind in neuen Wohnstätten, neuen Wohnorten untergebracht. Wir sind wirtschaftlich, kulturell, politisch, gesellschaftlich eingegliedert. Dennoch haben wir unsere Identität bewahrt. Das zeigen nicht nur die Sudetendeutschen Tage jedes Jahr zu Pfingsten, weit über vierzig sind es schon, wo Hunderttausende zusammenkommen, das zeigt die Vielfalt der Veranstaltungen der verschiedenen Gruppierungen, die fast an jedem Wochende jahraus, jahrein stattfinden. Das ist eine Abstimmung mit den Füßen, hier zeigen wir, daß wir besondere Kräfte haben und an unseren Heimatgedanken festhalten. Woher die Kräfte kommen, psychologisch, soziologisch, aus unserer Herkunft, unserer Erbschaft, 47 Jahre nach der unmenschlichen Vertreibung lebt die Volksgruppe. Sie sucht das Gespräch so wie heute hier, deshalb bin ich da.

Der Prager Vertrag: da gibt es verschiedene Wertungen – ein Ja – aber, ein Nein – aber, oder eine Neinhaltung dazu. Dieser Prager Vertrag hat nach unserer Meinung eine Chance vertan, daß man unsere Fragen ausgeklammert und nicht mit zeitgegebenen Mitteln geregelt hat. Das wäre der richtige Schritt zur Versöhnung gewesen. Auf der anderen Seite hat man natürlich gezeigt, daß man Dinge vielleicht unter den Teppich kehren will, und deshalb sind wir sehr froh, das kein Schlußstrich gezogen wurde und die sudetendeutsche Frage ist unserer Meinung nach offen. Das zeigt sich natürlich auch in der Entschließung des Bundestages. Die Bundesregierung fordert, weitere Verhandlungen zu führen, unsere Bayrische Staatsregierung hat ihren Standpunkt eingenommen; sie hat im Bundesrat dem Vertrag nicht zugestimmt. Sie wollte zustimmen, der Staatssekretär Böhm, der hier war, hatte drei Monate vor der Abstimmung gesagt, Bayern stimmt selbstverständlich wie jedes Land der Bundesrepublik mit. Wir Sudetendeutschen waren ein bißchen enttäuscht und dann ist der Motivenbericht gekommen und da konnte auch die Bayrische Staatsregierung nicht mehr zustimmen. Wir richten also Appelle an die Bundesregierung, an die beiden Staatsregierungen, wir richten natürlich auch Appelle an die Tschechische Regierung. Wir sind uns bewußt, das zur Zeit andere Probleme sie sehr beschäftigen, wir warten auf das Gespräch. Die Tschechische Republik, jetzt noch ČSFR, will, wie auch die Slowakische Republik, nach Europa. Im Prager Vertrag ist ihr unsere Mitwirkung zugesagt, Assoziierungsabkommen sind vorbereitet und parafiert. Die Tschechische Republik wird Deutschland brauchen und sie braucht auch uns Sudetendeutsche als Vermittler. Achtzig Millionen Deutsche wissen leider sehr wenig über die Verhältnisse hier und über die Problematik in der Tschechoslowakischen Republik. Wir wissen, daß die Slowaken zur Zeit den Ungarn das Wasser in der Donau abgraben und solche Dinge, aber es ist ja nicht entscheidend, was in der Zeitung drinsteht. Die Tschechische Republik braucht uns als Vermittler nach Deutschland. Ausgrenzen unserer Probleme löst nichts, bringt uns beide um keinen Schritt weiter.

Die Vertreibung ist ein offenes Thema und ich glaube, mit dem Thema müssen Sie irgendwie fertigwerden. Heute haben wir einen modernen Begriff, da sagt man ethnische Säuberung in Bosnien. Und sofort springe ich mit meinem Kollegen Dr. Hilf zurück – 1918 war die erste Vertreibung der Griechen durch die Türken, im Vertrag von Lausanne 1923 wurde das als Bevölkerungsaustausch hingestellt. Präsident Beneš hat sich auf diesen Bevölkerungsaustausch bezogen, als er den Vorschlag gemacht hat, auch hier einen Bevölkerungsaustausch vorzunehmen. Damit haben wir die nächste Vertreibung, die ethnische Säuberung 1945, unsere. Heute schreiben wir 1992, wir haben wieder Vertreibung. Wer Vertreibungen, ethnische Säuberungen rechtfertigt, legalisiert, macht sich schuldig bei weiteren Vertreibungen. Unser Staatssekretär ist gestern auf die Frage der Vertreibung eingegangen und hat sie als unmenschlich dargestellt. Er sagte auch weiter, es gibt im Verhältnis zwischen Deutschen und Tschechen, genauer zwischen Sudetendeutschen und Tschechen, offene Fragen. Die offenen Fragen kann man nicht vom Teppich der Geschichte kehren, sondern sie haben eine Lösung.

In der Prager Zeitung finden Sie heute auf der Titelseite einen Artikel: „Sudetendeutsche fordern Runden Tisch", d.h., fordern Gespräche. Diese Forderung wurde bei der letzten Bundesversammlung am letzten Sonntag der Presse übergeben. Wir brauchen einen Runden Tisch, ohne Tabus. Unser Ziel ist die Wiederbelebung der Heimat. Wir gehen von internationalen Rechtsgrundsätzen aus – das Recht auf Selbstbestimmung, Recht auf Heimat, Recht auf die Rückkehr für den, der will, ohne an eine weitere Vertreibung zu denken. Man müßte sagen, kein Mensch

126

braucht überhaupt Angst zu haben, denn 40, 45 Jahre kann man nicht wieder zurückholen. Und da kommen natürlich auch die Vermögensfragen. Man könnte sich vorstellen, daß man Teile in eine Stiftung einbringt, von der deutschen Seite, von der tschechischen Seite und damit den Wiederaufbau in den Grenzgebieten gemeinsam betreibt. So könnte man von einer Wiederbelebung sprechen, im Interesse sowohl der Tschechen als auch der Sudetendeutschen. Václav Havel hat die Vertreibung als unmoralische Tat bezeichnet, das ist natürlich für uns noch zu wenig, wir brauchen eine Art Wiedergutmachung, es wurde von Reue gesprochen, Wiedergutmachung mit zeitgegebenen Mitteln. Mit zeitgegebenen Mitteln – ich betone das extra. Auch hier kann ich nochmal auf die Rede unseres Staatssekretärs zurückkommen: „Es gibt im Verhältnis von Deutschen und Tschechen nicht nur Verletzung ökonomischer Art, nicht nur Verletzung des Heimatrechtes, sondern auch Verletzung des Rechtsempfindens und Verletzung der Seele."

In dem Zusammenhang gibt es natürlich eine Reihe von Einzelfragen zu diskutieren: die Beneš–Dekrete, die Vermögenskonfiskation 1945, aber auch die Amnestie 1946, die Schlagfreistellung. Es wäre anzusprechen die historische Kommission mit der Bitte um Intensivierung ihrer Arbeit, ohne daß man ihre wissenschaftliche Unabhängigkeit einschränkt. Es wird anzusprechen sein, die Besetzung der Arbeitskommissionen, die im Artikel 13 in dem Prager Vertrag vorgesehen sind und es ist eine Fülle von Problemen anzusprechen, für die Intensivierung der grenzüberschreitenden Kulturarbeit. Das sind heute bereits viele Dinge, angefangen vom Schulbereich bis zum Schüleraustausch, Lehreraustausch und was es alles gibt. Wir haben Verständnis für die jetzigen Probleme der tschechischen Seite. Eigentlich haben wir das Gefühl, daß man auf tschechischer Seite keine Angst zu haben braucht, wenn wir das Wort Germanisierung oder wirtschaftliche Übermacht lesen, also wir verfolgen ja etwas die tschechischen Zeitungen. Die Gesetze der Wirtschaft, so sagt ein Wirtschaftler, sind genauso schwer wie die Gesetze der Schwerkraft, die kann man nicht wegräumen, mit denen müssen wir leben.

Die historische Wahrheit und das Recht könnte die Grundlage für eine Versöhnung sein. Böhm hat gesagt, ich zitiere wieder: „Diese weiteren Schritte der Gleichberechtigung müssen friedlich, einvernehmlich, im Einklang mit dem Völkerrecht und rechtsstaatlich sein. Das sind Schritte, die wir uns wünschen."

Ich wollte mich an Herrn Houžvička wenden, der die soziologische Untersuchung im Grenzgebiet durchgeführt hat. Ich bin ein bißchen in einer eigenartigen Situation, als Betroffener über 40 Jahre. Es liegt mir vollkommen fern, jetzt Schadenfreude zu haben, wenn ein anderer dasitzen würde, der würde sagen: so, 40 Jahre waren wir dran und jetzt seit ihr dran. Also, das will ich gleich einmal von vornherein wegschieben. Ich habe gehört, das Ängste in der Bevölkerung im Grenzgebiet sind, gebrochenes Selbstbewußtsein soziologische Angelegenheit ist. Ich vergleiche das mit der Nachkriegszeit bei uns, wie wir da drüben waren, wie wir uns durchgewurschtelt haben, wie wir uns beruflich, sozial, wirtschaftlich eingliedern konnten, denn wir wurden dort auch nicht gern gesehen und haben also mit vielen zu tun gehabt. Unser Herz war immer noch in der Heimat, das ist es auch heute noch. Aber wir müssen uns inzwischen zeitweilig etwas unabhängig machen. Sie sprechen von Schuldgefühlen, die aufgetaucht sind und da habe ich eine erste Frage: Sie haben zwei Jahreszahlen genannt, 1945 und 1948. Haben wir jetzt die Schuldgefühle 1948, wie der Kommunismus eingebrochen ist, oder hat man Schuldgefühle schon gehabt 1945, wie man uns vertrieben hat? Das wäre für mich eine sehr interessante Frage. Sie haben weiter gesagt, es ist eine gereizte Atmosphäre, da stehen die Forderungen Neubauers, haben Sie die Forderungen Neubauers schon mal gesehen? Weiß die Bevölkerung von den Forderungen Neubauers? Läßt man denn Neubauer reden? Daß ich heute hier sitzen kann, das ist direkt ein Wunder und ich freue mich auch darüber, daß man ins Gespräch kommt. Aber es hat uns ja 40 Jahre lang niemand angehört, wir waren Revanchisten, die Sudetendeutschen da, die wollen Zusammenrottungen, sicher, das war die kommunistische Propaganda, die heute vorbei ist, aber da sollten sie unsere Situation auch verstehen. Die Forderung Neubauers, hier wird er als Verbrecher hingestellt, ich kenne den Neubauer, sehe ihn tagtäglich und ich weiß gar nicht, warum er irgendwelche unrealistischen Forderungen aufstellen soll; im Gegenteil – immer Forderungen, die einvernehmlich geregelt werden müssen, die zum Nutzen beider Teile sind. Und wenn Sie da sagen, massenhafter Ausgleich des Vermögens, nehmen Sie mal einem Nackten etwas aus der Tasche, was will man da schon viel ausgleichen, wenn nichts da ist. Ich meine, die Gedanken muß man realistisch sehen. Ich habe gestern immer gesagt: mit zeitgebundenen Mitteln oder langt bloß eine moralische Satisfaktion? Ja, darüber muß man reden, wir haben ja bis jetzt nicht darüber geredet und darum sind die Ängste auf beiden Seiten da. Appell an unsere Geduld, selbstverständlich, wir haben bisher Geduld gehabt, wir haben 45 Jahre Geduld gehabt, aber jetzt ist eine Zeit zu reden, weil hier Vorgänge sind, hier sind Wahlen, hier sind Gerüchte unterwegs, bei uns sind Wahlen, sind Gerüchte unterwegs, bloß unsere stabilisierte Demokratie wird uns niemand zum Sturz bringen. Hier ist die Situation anders, daß sehe ich auch ein; wir haben Geduld, selbstverständlich, aber wir müssen miteinander reden, wenn wir Geduld haben wollen. Wir müssen miteinander reden, wer nicht mit uns redet, dem müssen wir weitere Forderungen stellen und Sie müssen Verständnis haben, wenn jetzt die Zeit nach 45 Jahren gekommen ist, wo wir endlich mal reden können und wo Sie nicht sagen können: Halt den Mund endlich, wenn man bis jetzt nicht reden konnte.

Darüber, über Rückkehr, wäre ein eigenes Seminar nötig, da gibt es doch die verschiedensten Möglichkeiten zum Nutzen von beiden Teilen. Und die müßte man rausholen.

Reinhold Macho

Das West–Ost–Gefälle im ökonomischen Sinn mit all den Verwerfungen, die wir derzeit in den Grenzgebieten erleben, der europäische Einigungsprozeß, aber auch der Zustand und die gegenwärtige Funktion unserer Grenzgebiete zwingen uns sogar zu dieser grenzüberschreitenden Zusammenarbeit.

Die Gebiete diesseits und jenseits der Grenze waren in den vergangenen vierzig Jahren die Stiefkinder der jeweiligen Regierungen. Sicher auf tschechischer Seite noch mehr als auf deutscher Seite; es ist uns auf deutscher Seite auf Grund einer Reihe von Faktoren gelungen, uns besser zu entwickeln als andere Grenzräume. Aber es gibt noch heute bei einer Reihe von Parametern, z.B. Bruttoinlandsprodukt, Lohn– und Gehaltsniveau, deutliche Unterschiede zum Landesinneren. Und nun erleben gerade diese Räume Verkehrsströme, die fast unvorstellbar sind; ich darf Ihnen nur einmal am Beispiel unserer Stadt sagen. Wir haben 1990 im grenzüberschreitenden Verkehr eine Summe von 89 000 PKWs gezählt, daraus sind innerhalb von zwei Jahren 2,3 Millionen Fahrzeuge geworden, die sich durch diese kleine Stadt zwangen, hinzu kommen noch einmal 260 000 LKWs. Und nun erleben diese Gebiete natürlich auch die grenzüberschreitende Kriminalität mit all ihren Auswüchsen und deshalb, glaube ich, liegt es im ureigenen Interesse der Bewohner der Kommunen dieser Grenzgebiete, mitzuhelfen, damit diese Räume nicht zum Transitland mit all den negativen Begleiterscheinungen degenerieren. Aber, meine sehr geehrten Damen und Herren, es gibt Gott sei Dank eine Reihe von hoffnungsvollen Ansätzen, über die wir uns heute vormittag unterhalten wollen.

Stanislav Tillich

Zuerst möchte ich mich recht herzlich für die Einladung zu diesem Seminar bedanken, ich bin Europaabgeordneter für Sachsen für die CDU im Europäischen Parlament. Ich möchte aber nicht davon sprechen, was der Freistaat Sachsen speziell in der Zusammenarbeit mit der Tschechischen Republik vorhat, dazu, denke ich, wird ein Repräsentant Sachsens heute noch sprechen. Ich möchte doch mehr aus der Sicht eines Abgeordneten zu Ihnen sprechen und vor allem auch die Arbeit der Euroregion Neiße bewerten, natürlich aus der Sicht der Europapolitik, wie sie sich zur Zeit darstellt. Ich gehöre zu einer jüngeren Generation, so daß ich die 33 Jahre, die ich alt bin, in dem sozialistischen Bildungssystem der DDR so gut wie gar nichts über die Geschichte der Sudetendeutschen gelernt habe. Das war für uns ein Kapitel, das nie oder selten oder nur auf individuelles Verhalten des Lehrers überhaupt berührt worden ist. Das kennzeichnet im wesentlichen auch zur Zeit die Haltung der meisten in Sachsen und auch der Landespolitik. Nach der politischen Wende 1989 sind auf uns jede Menge Probleme im sozialen und wirtschaftlichen Bereich eingestürzt und wir müssen auch in Sachsen erstmal diese eigenen Probleme bewältigen, so daß es zur Zeit auch kaum Einsätze gibt seitens des Freistaates Sachsen in Richtung Geschichtsaufarbeitung, was die Geschichte der Sudetendeutschen, die wahre Geschichtsbeschreibung betrifft, anzufangen.

Wir haben nach der politischen Wende an der Grenze zu Polen eine Konstituierung des Kuratoriums Niederschlesien gehabt, auf maßgebliches Betreiben von niederschlesischen Bürgern in dieser Grenzregion entstanden. Und da denke ich an die Anfänge meiner politischen Tätigkeit (ich bin seit 1989 politisch tätig). Das Schaffen dieses Kuratoriums hat damals zur allgemeinen Verwirrung geführt und ich schreibe das falsche Verhalten da einfach der falschen Informationspolitik der letzten Jahre zu. Ich möchte nochmals betonen, daß nach meiner Auffassung und mit einem kleinen Abstand von nur 3 Jahren ich einfach feststellen muß, daß dieses Kapitel ein sehr trauriges Kapitel der ehemaligen DDR ist. Man wollte einfach Tatsachen totschweigen, die nicht totzuschweigen sind, weil sie sich ereignet haben.

Nun zur Euroregion Neiße. Die Euroregion Neiße ist genau die Institution, die damals auf Betreiben von dem jetzigen sächsischen Innenminister Eckhard entstanden ist. Ich weiß jetzt nicht, wer der Initiator auf der tschechischen Seite gewesen ist, aber ich weiß, daß der jetzige Tschechoslowakische Innenminister Čermák damals bei dem ersten Treffen dabei gewesen ist. Diese zwei Herren, die für meine Begriffe die Urväter der Entwicklung der Euroregion Neiße sind, die sich ja zuerst 3–Länder–Eck nannte. Es ist eine kommunalpolitische Zusammenarbeit erwachsen, die ganz einfach gewachsen ist aus dem Bedürfnis der Kommunalpolitiker, gemeinsame Probleme anzugreifen, die sie beschäftigen. Die EG, die spricht von dieser Region ja nicht von der Euroregion Neiße, sondern sie spricht vom schwarzen Dreieck. Das ist eigentlich das dominierende für diesen Landstrich, in dem wir uns auch heute befinden.

Bei der letzten Konferenz, einer Umweltkonferenz in Zittau, ist gesagt worden, es ist das Gebiet, was von CO^2 und von Stickoxiden und von Staubbelastung wohl das am stärksten betroffene Gebiet überhaupt ganz Europas ist. Deswegen sind natürlich viele Probleme, die man nur gemeinsam lösen kann. Es ist wichtig, daß man sie auch gemeinsam angreift und es entwickelt sich in Ansätzen eine kommunalpolitische Zusammenarbeit, speziell im Wirtschaftlichen, im Umweltbereich, aber auch im kulturellen– und infrastrukturellen Bereich. Das, daß der Euphorismus, der am Anfang dagewesen ist, natürlich auch größer war, als die Realisierbarkeit, darauf ist schon hingewiesen worden; daß die Kommunen bei uns über so wenig Mittel verfügen, daß sie nicht Aufgaben übernehmen können, die grenzüberschreitend vielleicht notwendig gewesen sind. Aber andererseits selbst die deutsche Rechtssprechung dieses nicht zuläßt, so daß man ganz einfach an bestimmten Stellen anfangen muß, z.B. daß man sich darüber verständigt, welche Grenzübergänge man vielleicht gemeinsam eröffnen möge und daß man gemeinsam Druck dann auf die Landespolitiker ausübt, oder daß man sich überlegt, welche zukünftigen Straßenverbindungen speziell dominieren oder die Entwicklung dieser Region fördern, förderbar sind. Dabei möchte ich nicht verhehlen, daß die Zusammenarbeit mit der tschechischen Seite an und für sich sehr gut ist, aber die Zusammenarbeit mit der polnischen Seite immer wieder Probleme mit sich bringt. Die

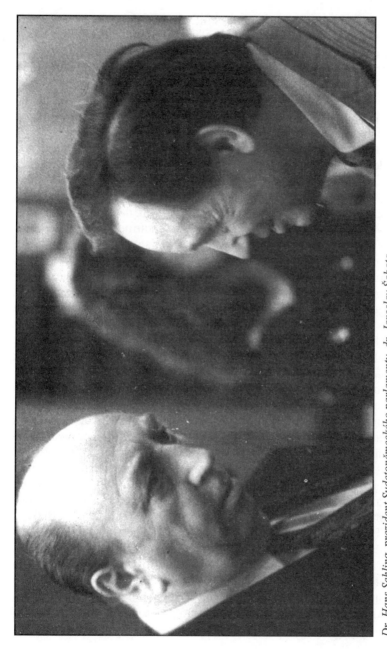

Dr. Hans Sehling, prezident Sudetoněmeckého parlamentu, dr. Jaroslav Šabata.

Dr. Hans Sehling, Präsident des Sudetendeutschen Parlaments, Dr. Jaroslav Šabata.

polnische Zentralregierung ist ganz einfach nicht daran interessiert, daß eine Region, die von deutschsprachigen Schlesiern dominiert wird, wieder erstarkt und daß die polnische Zentralregierung dann vielleicht Erklärungsbedarf gegenüber der übrigen polnischen Bevölkerung hat. Dieses Problem gibt es, für meine Begriffe, zumindestens in diesem Hintergrund hier und in Nordböhmen nicht. Aber es gibt natürlich, wie wir ja damals oft miterlebten, auch in der Tschechoslowakei. (Ja, ich spreche ganz bewußt von der Tschechoslowakei.) Viele Leute, die im Landesinneren leben, sehen natürlich mit gewissem Neid, daß die Leute, die in den Grenzregionen leben, den Vorteil des kleinen Grenzverkehrs nutzen können, und wenn wir, die eigentlich versuchen wollen, das soziale Gefälle an der Grenze abzubauen, natürlich unsere Nachbarn unmittelbar hinter der Grenze unterstützen, so wird das von manchen mit etwas Mißmut betrachtet. Im Prinzip sind die Leute neidisch auf das, was auf der anderen Seite ist und wir in Sachsen sehen da eine spezielle Verpflichtung für uns. Durch die deutsche Einheit ist es uns gelungen, am Wohlstand Deutschlands teilzuhaben und wir haben ja eine gemeinsame Entwicklung im Sozialismus–Kommunismus der letzten Jahre gehabt und natürlich nun erst recht gefordert, unseren Partnern jenseits der Grenze, auf der tschechischen als auch auf der polnischen Seite Unterstützung zukommen zu lassen. Wir wollen den Eindruck eines übermächtigen Goliaths nicht aufkommen lassen, sondern wir wollen echte Partner sein.

Noch drei Sätze zur EG. Die EG fordert oder will zum ersten Mal 1993 eine grenzüberschreitende Zusammenarbeit zwischen EG–Staaten und osteuropäischen Staaten fördern. Es gibt ein Programm, das nennt sich „Intereck" und es ist für 1993 ein Intereck Ost vorgesehen, was selbstverstänlich von Griechenland bis zur Ostsee reicht und nicht über diesen finanziellen Umfang verfügt, der aber sicherlich notwendig gewesen ist. Es ist jetzt im Haushalt 1993 eine Summe von 30 Millionen ECU, also sprich, ungefähr 60 Millionen DM dafür geplant und diese Zusammenarbeit beschränkt sich auf kommunalpolitische Vorhaben, also z.B. Grenzübergänge, Brücken, Straßenverbindungen, aber auch Kläranlagen an einem 10 km breiten Streifen entlang der Grenze.

Wir haben vor ca. zwei Monaten im Europäischen Parlament die Assoziierungsabkommen mit der Tschechoslowakei, mit Polen und Ungarn behandelt und dabei ist durch eine Mehrheitsentscheidung im Europäischen Parlament das Assoziierungsabkommen mit der Tschechoslowakei ausgesetzt worden bis zu dem Tag, bis die Trennung der

Tschechoslowakei in Tschechische Republik und Slowakische Republik erfolgt. Es gibt keine verbindliche Aussage zur Zeit, wenn man die eigentlichen Initiatoren dieser Entwicklung fragt, wie es dann weitergehen wird, ob es Neuverhandlungen geben wird oder ob man dann einfach den bestehenden Vertrag als Grundlage nimmt und dann die von beiden Republiken vorgenommene Trennung als Basis akzeptiert.

In der Christlich–Demokratischen Fraktion der EVP, haben wir vor zwei Monaten eine Arbeitsgruppe gegründet, die sich speziell mit Ost– und Mitteleuropa beschäftigt, und ich habe gerade vorgestern auf einer Tagung dieser Arbeitsgruppe initiiert, daß wir in der nächsten Sitzung uns damit beschäftigen werden, genau mit diesem Assoziierungsabkommen, denn wir haben Signale bekommen und offizielle Bestätigungen auch dazu, daß sich ja die Tschechische und auch die Slowakische Republik, also die beiden Vertreter Klaus und Mečiar, über die Trennung verständigt haben, so daß die eigentliche Grundvoraussetzung in dieser Richtung geschaffen worden ist. Ich persönlich bin der Auffassung, daß wir, die jetzt in Westeuropa darüber sprechen, daß wir eigentlich für Europa offen sind, natürlich nicht nur hohle Worte reden sollen, sondern auch praktische Beispiele folgen lassen müssen, und damit muß zumindestens sowohl den Tschechen als auch den Slowaken echt die Möglichkeit geschaffen werden, an dieser Entwicklung zu partizipieren. Ich denken, daß das sicherlich auch im Sinne der Tschechen und Slowaken sein wird, daß Sie so schnell wie möglich die Anbindung an die Europäische Gemeinschaft bekommen und das Sie von der Entwicklung dieser Europäischen Gemeinschaft auch partizipieren können.

Franz Olbert

Ich möchte zu einigen Fragen, die in der Diskussion inzwischen aufgeworfen sind, etwas sagen. Ich denke erstens, und das betrifft gerade auch das, was vorhin erst gesagt worden ist, daß es bedauerlich ist, daß immer die Extreme das Ohr der Öffentlichkeit haben und daß der Eindruck entsteht, daß die extremen Äußerungen über das Ganze gelten. Ich denke, wir sollten miteinander verlangen und auch fordern, daß die Kräfte der Mitte, die den Weg des Ausgleichs suchen, eine stärkere Öffentlichkeit erfahren. Ich bin fest davon überzeugt, daß diese Kräfte weit stärker und in dieser Größenordnung weit größer sind. Aber dadurch, daß die Extreme die Öffentlichkeit erfahren, hat man immer den Eindruck – das sind die Sudetendeutschen, das sind die Tschechen und wir müssen von diesem Pauschalurteil und Vorurteilen wegkommen.

Das Zweite, was ich gerne sagen möchte, ist, daß wir zwar heute nachmittag noch zur Diskussion stehen, aber es wurden in den Verträgen auch angesprochen. Im Begleitbrief zum Deutsch–Tschechischen Vertrag ist zuerst als Punkt Eins das Recht auf Heimat angesprochen und als Nichtgegenstand der Verhandlungen bezeichnet. Ich möchte hier daran erinnern, daß Staatspräsident Havel der Bundesregierung angeboten hat, daß die Sudetendeutschen, die das wünschen, die Tschechische Staatsbürgerschaft erwerben können. Ich denke, daß dieser Vorschlag, der in einer Phase doch ernsthaft zur Erwägung stand, daß dieser Vorschlag erneut aufgegriffen und in die Diskussion gebracht werden sollte. Wenn die Tschechische Regierung Mitglied der Europäischen Gemeinschaft wird, dann gibt es sowieso Freizügigkeit und dann ist dieses Problem generell gelost. Ich denke aber, daß es ein sehr wesentlicher Beitrag zur Entspannung sein könnte und ein wichtiges Signal, wenn man vorgezogen den Sudetendeutschen einräumen würde, durch Erwerb der tschechischen Staatsbürgerschaft – das ist natürlich nicht nur eine Frage an die Tschechische Regierung, sondern auch an die Deutschen, weil es ja hier um die Doppelstaatsbürgerschaft geht – daß man damit ein Stück vorankommen könnte.

Das Dritte, was ich gerne ansprechen möchte, ist, daß die Frage der Rückkehr der Sudetendeutschen auch mit vielen falschen, emotionalen Vorurteilen verbunden ist. Ich habe den Eindruck, wenn man mit unseren Landsleuten redet, geht es nicht so sehr um die konkrete Rückkehr im Sinne einer Übersiedlung oder Rücksiedlung, es geht eigentlich mehr darum, die Anerkennung ihres Heimatrechts und um das Recht, sagen zu können: Hier, das ist meine Heimat. Ich denke, daß man darüber schon reden kann, reden soll, auch dies ware ein Zugeständnis, daß man den Sudetendeutschen doch einräumen könnte.

Ich möchte zum Schluß, viertens, noch mal auch auf Pater Malý zurückkommen, der vom Wert des Bewußtseins gesprochen hat. Ich denke, wenn Sie, die Tschechische Republik oder überhaupt die Osteuropäer, nach Europa drängen, dann sollten Sie versuchen, etwas nach Europa mitzubringen, was wir in all den Jahren der Trennung sehr hoch geschätzt haben und was uns im Westen fast verloren gegangen ist – so etwas wie mehr Menschlichkeit oder mehr Grundwertebewußtsein – in dieses Europa einzubringen, damit dieses Europa nicht nur technokratisch wäre, sondern ein menschliches, ein Europa, in dem es sich auch lohnt zu leben und menschlich gut zu leben. Das sollte man versuchen einzubringen, Daß Sie also nicht so schnell Technokraten werden, wie wir das schon geworden sind, sondern das Sie menschliche Akzente, die wir immer so hoch eingeschätzt haben, in dieses Europa mitbringen.

Hans Sehling

Ich habe den Auftrag von der Bayrischen Staatskanzlei, aus der Sicht Bayerns Bemerkungen zu dem Thema vorzutragen. Als gute Nachbarn zusammenzuleben, ist nicht immer einfach. Bayern und Tschechen sind seit Jahrhunderten Nachbarn. Jeder weiß, daß es dabei Höhen und Tiefen gab. Nach der Katastrophe in der Mitte des Jahrhunderts haben Sie erst nach dem Fall des eisernen Vorhanges und dem Sturz des Kommunismus im Jahre 1989 die Chance, Nachbarschaft neu zu lernen und neu zu beleben. Seit der Grenzöffnung hat sich ein reger kultureller, wirtschaftlicher und wissenschaftlicher Austausch zwischen Deutschen und Tschechen entwickelt. Menschen beider Völker gingen aufeinander zu, kamen ins Gespräch, um Nachbarschaft aufzubauen. Ich glaube, dies alles war eine wichtige Voraussetzung dafür, daß auch die formalen Vereinbarungen und die Zusammenarbeit zwischen den Regierungen möglich wurden. So haben Bayern und die Tschechische Republik dann im Juli 1990 eine Vereinbarung über eine intensive und verstärkte Zusammenarbeit auf allen Gebieten getroffen. Die bayrisch–tschechische Arbeitsgruppe wurde eingerichtet, die sämtliche Aktivitäten in der staatlichen Verwaltung zwischen der Bayrischen Staatsregierung und der Regierung der Tschechischen Republik koordinieren und initiieren sollte. Der Vertrag zwischen der Bundesrepublik Deutschland und der ČSFR über gute Nachbarschaft und Partnerschaft, der vor wenigen Wochen in Kraft getreten ist, hat die Zusammenarbeit auf regionaler Ebene in das Netz vielfältiger Verbindungen beider Staaten einbezogen. Ich möchte hier auf einige konkrete Bereiche der bayrisch–tschechischen Zusammenarbeit zu sprechen kommen.

Erstens: Es vergeht kaum eine Woche, in der nicht eine Delegation aus der Tschechischen Republik, hochrangige Politiker oder Staatsbeamte, in Bayern weilen, um sich über die verschiedensten Bereiche zu informieren, sei es über die kommunale Selbstverwaltung, sei es über die Aufstellung eines Haushaltsplanes, die Arbeit des Rechnungshofes, die

Tätigkeit von Finanzämtern oder die Aus– und Weiterbildung von Juristen und Lehrern. Längerfristige Hospitationen wechseln dabei mit kurzen Informationsbesuchen ab. Alle diese Maßnahmen dienen der Stärkung und der Stabilisierung der demokratischen Entwicklung in der Tschechoslowakei und damit der Stabilität in unseren nachbarschaftlichen Beziehungen.

Zweitens: Fortbildungsmaßnahmen für tschechische Fach– und Führungskräfte, die vom Ost–West–Managmentzentrum durchgeführt werden, vom bayrischen Wirtschaftsministrium finanziert werden, stärken den Aufbau der marktwirtschaftlichen Strukturen. Bei immensem Aufwand dafür, hoffen wir allerdings auch, daß sich zwischen bayrischen Betrieben und Betrieben der Tschechischen Republik Kontakte entwickeln, die auf Dauer den Handel zwischen unseren Ländern weiterbeleben.

Drittens: Der Umweltschutz ist ebenfalls ein wichtiger Problembereich. Die Luft kennt bekanntlich keine Grenzen, und wenn die Inversion auf einer Seite der Grenze besonders stark ist, Schwefelgestank, so haben auch die Nachbarn darunter zu leiden. Wir wissen, daß es sich bei immensen Luftverschmutzungen, vor allem in Nord– und Westböhmen, um eine Hinterlassenschaft einer 40jährigen kommunistischen Mißwirtschaft handelt.

Es werden gemeinsame Emissionsmessungen im Grenzgebiet, gemeinsame Richtwerte für den Smogalarm und technische Maßnahmen zur Reduzierung der Luftschadstoffe aus den Kraftwerken vorbereitet und durchgeführt.

Viertens: Ich habe drei Bereiche der Zusammenarbeit herausgegriffen. Es gibt aber darüber hinaus eine Fülle von gemeinsamen Projekten der verschiedenen Ressorts. Dazu gehören vor allem Fragen des Verkehrs und der Schaffung der neuen Grenzübergänge – ich verweise auch auf die Autobahn Nürnberg–Waidhaus–Plzeň–Prag. Ich denke aber auch an die Erdölpipeline Ingolstadt–Waidhaus–Prag, wo auf bayrischer Seite der Natur– und der Umweltschutz eine wichtige Rolle bei der Beurteilung der entsprechenden Leitungstrasse spielen. Gerade hier zeigt sich sehr deutlich, daß es die wichtigste Aufgabe ist, den wirtschaftlich–technischen Fortschritt mit dem Schutz der natürlichen Lebensgrundlagen in Einklang zu bringen.

Fünftens: In die Zusammenarbeit zwischen der Region des Freistaates Bayern und der Regierung der Tschechischen Republik fügt sich die neuentwickelnde regionale Zusammenarbeit unmittelbar an der Grenze ein. Bayern sieht in diesem Verband der regionalen Zusammenarbeit in einem landschaftlich und geographisch überschaubaren Raum ein Bindeglied der Verständigung zwischen Bayern und der Tschechischen Republik.

Kultur und Traditionen haben bereits ein gewisses Zusammengehörigkeitsgefühl entwickelt. Diese Zusammenarbeit muß von unten wachsen, wenn sie effektiv werden soll und sie muß im Einvernehmen erfolgen. Eine sinnvolle. grenzüberschreitende Zusammenarbeit ist zum Scheitern verurteilt, wenn ein Partner das Gefühl hat, daß er nicht gleichberechtigt ist und daß er überstimmt wird.

Meine Damen und Herren, Bayern und die Tschechische Republik lagen 40 Jahre an der Nahtstelle des Eisernen Vorhanges, an der beinahe undurchdringlichen Trennungslinie in der Mitte Europas. Heute sind wir aufgerufen, diese Trennungslinie zu überwinden und die tiefen Spuren, die es im ökonomischen, wie im geistigen Bereich hinterlassen hat, zu beseitigen. Das ist eine große und wichtige Aufgabe für die Politik, die wir alle zu bestehen haben. Die gute Nachbarschaft zu beschwören ist sehr wichtig, aber gute Nachbarschaft auch in der Wirklichkeit zu gestalten, das ist die große Herausforderung, der wir uns alle zu stellen haben.

Vor mir liegt eine Zusammenstellung der konkreten Projekte, es sind 58 an der Zahl, die ich Ihnen natürlich nicht im Einzelnen jetzt vortragen will oder kann, sie stellen Bereiche zusammen aus Wirtschaft, Landwirtschaft, Forstwirtschaft, Umweltschutz, Landesplanung, Reiseverkehr, Bauwesen, Inneres, Finanzen, Justiz, Kultur, Bildungswesen, Gesundheits–, Arbeits– und Sozialwesen. 58 Projekte, die jeweils in der Problemstellung hier angegeben sind, den Partnern der Tschechischen Republik angegeben, den Partnern vom Freistaat Bayern, und den Stand der Durchführungen. Wenn ich Ihnen aus der Wirtschaft nur als Beispiel etwas vorträge; ich weiß, für Sie ist wichtig Kultur, Bildungswesen; ich kann dann im Einzelnen über das Gewünschte Auskunft geben, aber ich nehme mir mal ein Beispiel, wie es hier steht, wenn es auch uns allen nicht ganz nahe steht, aber gerade deswegen will ich es vortragen. Das ist die Anbindung der tschechischen Raffinerien an die Erdölpipeline der Firma TAL mitteleuropäische Rohrleitung Ingolstadt, Kralupy, Litvínov. Auch die tschechische Seite ist daran interessiert und führt es durch, das Ministerium für Industrie und Handel, auf der bayrischen Seite sind angesprochen die bayrische Staatskanzlei, dann das Staatsministerium für Wirtschaft und Verkehr, das Staatsministerium für Arbeit, Familie

140

und Sozialordnung und das Staatsministerium für Landesentwicklung und Umweltfragen und das Staatsministerium des Inneren. Und wenn ich noch den Stand vortragen darf, damit man sieht, wie konkret sie ausgeführt werden, diese Projekte, auf Antrag der Firma Chemopetrol–Pipeline GmbH, Eigentümer Tschechische Republik, also Antrag von der Tschechischen Republik.

Auf Einleitung des Raumordnungsverfahrens für den bayrischen Leitungsabschnitt war am 17. 1. 92 bei der Regierung der Oberpfalz am 17. 9. 92 ergänzende Anhörung der Beteiligten mit weiteren vom Projekt her bestehenden Unterlagen. Das ist bei uns da drüben der Umweltschutz, der sehr stark ist und der Naturschutz, ich könnte mir vorstellen, daß es hier in der Tschechischen Republik nicht so viele Hindernisse gibt wie bei uns. Dann werden Unterlagen erstellt für die Sicherheitsmaßnahmen und zwei neue Alternativtrassen. Das Raumordnungsverfahren wird Ende '92 beendet sein. Das Raumordnungsverfahren auf tschechischer Seite ist bereits abgeschlossen, da gibt es wenige Widerstände, Einleitung des bayrischen Genehmigungsverfahrens – Anfang 1993 – voraussichtlicher Abschluß Anfang 94, Bauarbeiten beginnen 94, die Pipeline soll 1995 in Betrieb genommen werden; dann sind sie unabhängig von anderen Lieferungen. Das war ein Beispiel, solche Beispiele trage ich gern vor, wenn es gewünscht wird.

Marie–Anne Steffke

Ich wollte mich zu dem, was der Herr Sehling gesagt hat, melden. Ist denn nicht bekannt, daß angefangen von 1949, über die Charta 1950 bis jetzt zu den letzten Äußerungen der Landsmannschaft von dem Herrn Neubauer auch immer wieder gesagt wird: Wir wollen keine neue Vertreibung, d.h. wir wollen niemanden vertreiben, der eben sich seßhaft gemacht hat, der jetzt dort seine Heimat sieht. Das scheint also in der hiesigen Bevölkerung einfach nicht vorhanden zu sein. Ich bin auch der Meinung, daß das dann die gravierendsten Fragen sein müssen, über die man redet. Ich möchte sagen, wie ich mir das auch vorstellen könnte, wieder in meine Heimat zurückzugehen. Ich weiß nicht, ob ich gehen würde, aber ich könnte mir es vorstellen und ich würde niemanden damit vertreiben und könnte meiner Meinung nach eben dort hingehen – wieder auf den Hof meiner Vorfahren. Die Möglichkeiten der Technik heutzutage, auch in der Landwirtschaft, ermöglichen es über Hunderte von Kilometern zu fahren, um Grund und Boden zu bewirtschaften. Das sieht man ja auch jetzt in den neuen Bundesländern, wo also aus weiten Teilen, z.B. bayrische Bauern in Mecklenburg oder in Brandenburg den Grund und Boden bewirtschaften.

Es wäre durchaus denkbar, ich sage das jetzt als Beispiel, daß meine Familie, ich vielleicht auch, daß wir in der Landwirtschaft den Boden zurückbekommen, denn er gehört keinem Privatmann, das ist nämlich staatlicher Besitz und wir würden niemanden vertreiben. Das, was wir erwirtschaften dort, wo wir den Boden eben wieder nutzen, das nehmen wir doch nicht im Rucksack wieder mit nach Deutschland, das bleibt in diesem Land und wird ihm wieder zum Nutzen sein, wenn der Boden ordentlich bewirtschaftet wird.

Das ist ein ganz einfaches Beispiel, aber über diese Dinge muß einfach geredet werden. Das sind diese Fragen. Ich habe zwar gestern gesagt, daß das Heimatrecht und die Rückkehr nichts Materialistisches sind, aber das sind sie auch. Solche Bedingungen müssen sein und werden das

Heimatrecht beinhalten, daß jemand, wenn er will, in sein Heimatland zurückkehren kann. Aber – wie auch ich auf dem Eröffnungsabend gesagt habe und wie das alle Repräsentanten der Sudetendeutschen sagen können – das muß nach einer akzeptablen Einigung und ohne Vertreibung stehen. Das wollte ich noch einmal wiederholen.

Reinhold Macho

Meine Damen und Herren, ich will versuchen, mit Ihrer Hilfe ein Ergebnis dieses heutigen Vormittages zu formulieren. Ich glaube, wir können feststellen, daß die Euregio oder Euroregio eine von vielen Möglichkeiten der grenzüberschreitenden Zusammenarbeit ist. Diese Zusammenarbeit ist geeignet, Vorurteile abzubauen, die Gefälle auszugleichen, die wir im ökonomischen Sinn kennen, sie ist geeignet, den europäischen Einigungsprozeß zu fördern, der gerade auch im Hinblick auf den Beitritt der Tschechoslowakei oder auch der Tschechischen Republik und der Slowakischen Republik wichtig ist und sie ist auch geeignet, konkrete Hilfestellungen zu geben, z.b. den Kommunen, kommunaler Selbstverwaltung, Hilfestellung bei der kommunalen Zusammenarbeit. Das wäre ein Punkt.

Der zweite Punkt, glaube ich, ist auch wichtig – grenzüberschreitende Zusammenarbeit erfordert Sensibilität. Ich möchte die Zahlen, die genannt worden sind, nicht noch einmal erwähnen, aber nur zu bedenken geben, daß es aus der täglichen Praxis heraus richtig ist, daß unsere unmittelbaren Nachbarn sehr verunsichert sind und insbesondere die deutsche Seite sollte diese Sensibilität immer sehen. Umgekehrt, und das haben wir beim Beitrag von Herr Prof. Sehling und auch von Frau Steffke, glaube ich, gehört, haben natürlich auch die Sudetendeutschen eine Seele, die verwundet worden ist und auch diese Sensibilität sollte von den Tschechen in unsere Gespräche eingebracht werden.

Drittens: Wir würden uns leichter tun, wenn die Regierungen in München, in Prag, in Dresden, die grenzüberschreitende Zusammenarbeit noch mehr fördern würden, als das bisher der Fall ist. Das glaube ich, sollten wir auch als Ergebnis festhalten.

Und das Vierte, und das erscheint mir wegweisend, ist der Gedanke von Herrn Šabata. Wir sollten, glaube ich, mit der Forderung auseinander gehen, daß es einen runden Tisch geben soll, wir können auch ein anderes Schlagwort dafür nehmen, an dem sich alle beteiligen, die zum Dialog bereit sind, die dialogfähig sind.

Nicht nur die vielen Gemeinschaften, sondern auch die Parteien. Ich gebe Ihnen recht, es nützt wenig, wenn wir nicht sie mit einbeziehen, die ja letztendlich dann auch die Entscheidungen treffen. Aber, noch eines erscheint mir auch wichtig, auch die Medien müssen in diesen Dialog mit einbezogen werden, denn wir erleben tagtäglich, was die Medien, alle Journalisten, die anwesend sind, mögen mir das verzeihen, ich war selber lange in diesem Bereich tätig, was die Medien auch schnell wieder kaputt machen. Bei Ihnen genau so wie bei uns.

Ich darf Herrn Sehling für sein Statement aus bayrischer Sicht danken und auch ein Stichwort aufgreifen, daß er gegeben hat – Nachbarschaft lernen. Vielleicht sollten wir einmal von den administrativen Angelegenheiten weggehen und uns mehr mit den Menschen beschäftigen. Meine Kollegin, die Frau Volerová, Bürgermeisterin aus Domažlice, und ich, erleben tagtäglich, daß es gar nicht so einfach ist, nach der ersten Euphorie Nachbarschaft zu lernen. Einfach aus dem Grund, weil es auf beiden Seiten der Grenzen Menschen gibt, die Schwierigkeiten damit haben.

Peter Becher

Milý pane Morávku, také já jsem stále zařazován do skupiny levice, snášejme tedy tento osud společně a starejme se o dobrou vyváženost diskusí. Dovolte, abych začal provokací. Hovoříme tu o sudetoněmecko–českých rozhovorech, podle mého názoru se sudetoněmecko–české rozhovory doposavad vůbec nekonaly. To, co se konalo, bylo mnoho povídání, mnohé tiskové bitvy, mnoho diletantismu a to, co bych nazval redundanční diplomacií. Pouze na církevní úrovni, především díky činnosti Ackermann–Gemeinde, a též na kulturní úrovni vznikly kontakty, které vytvořily skutečně cosi jako systém – tedy přesně to, co potřebujeme pro budoucnost. V dobrém duchu se konaly mnohé konference, které daly nesporně dobré a důležité signály právě tak jako dnešní konference. Ale tyto konference také představují velké nebezpečí, že totiž budou přijímány jako alibi za hovory, které se ještě vůbec nekonaly.

My zde představujeme intelektuální menšinu partnerů, která si tu v podstatě jen vzájemně potvrzuje to, co už víme, že totiž spolu chceme mluvit. Proti nám stojí většina nezainteresovaných. A v této většině tvoří ne nepodstatnou část ti, kteří mají odmítavé stanovisko, kteří byli zraněni a snad dokonce i ti, kteří se nezbavili pocitu nenávisti. Domníváme se, že ještě dlouho nebudeme moci označit naše vztahy za normální. To bude možné teprve tehdy, až budeme připraveni hodnotit své partnery ne podle radikálních hlasů jejich menšiny, ale podle smířlivého ladění jejich většiny. Smím-li to povědět jinak, velmi názorně a snad zase trochu provokativně: o normálnosti bych chtěl hovořit teprve tehdy, až Sudetendeutsche Zeitung bude ochotně otiskovat také české názory o nacistické době a naopak Rudé právo sudetoněmecké názory o vyhnání. Domnívám se, že od toho jsme ještě na míle vzdáleni.

Mohlo by se dodat, že normální situace bude tehdy, až Süddeutsche Zeitung nebude referovat o celostátním shromáždění Sudetenlandsmannschaftu jen na první stránce v souvislosti s ostatními zprá-

vami – a v takové souvislosti, která toto celostátní shromáždění jedno-
značně spojuje s pravicovým radikalismem a neofašismem. Také tady
není ještě všechno v pořádku.

Pan R. Hilf hovořil dnes ráno o širším kontextu našich rozhovorů tak,
jak jsem je ještě neslyšel. Jsem mu za to velmi zavázán, protože mi tím
objasnil, jak velice jsme ještě stále zapleteni do dílčích problémů. Kladu
si otázku, proč tomu tak je, a myslím, že to prostě souvisí se zkušeností
naší národnostní skupiny – především s bolestnou částí našich zkuše-
ností, což až do dnešního dne zmenšuje náš zorný úhel a rubem tohoto
zúžení je to, že širší souvislosti, o něž tu stále více jde, nevnímáme.

Mnozí, jak mám dojem, se domnívají, že jakmile budou napraveny
ponížení, křivdy a nespravedlnosti z minula, bude automaticky všechno
v pořádku. Domnívám se, že je to příliš krátkozraké. Chtěl bych v této
souvislosti stručně rozlišit dva pojmy. Prvním pojmem, který se v disku-
si stále objevuje, je pojem pravdy. Ten je podle mého soudu sice
důležitý, ale užíván příliš lehkomyslně a uspěchaně. Domnívám se totiž,
že tady dochází k záměně. Stále častěji se za pravdu vyhlašuje spíše
subjektivní pojetí pravdy než to, co by bylo možno objektivně za pravdu
označit. Chtěl bych poukázat na to, co sebou přináší toto pojetí. Vychá-
zíme-li z toho, že to, co my subjektivně pokládáme za pravdu, je pravda
skutečná, pak současně říkáme, že každý, kdo tuto pravdu nevidí, je
buďto absolutní ignorant nebo lhář. Domnívám se, že o to jít nemůže.
Chtěl bych se přimluvit za to, abychom z diskusí pojem pravda konečně
vyškrtli a daleko více hovořili o dojmech a zkušenostech, protože Čech,
kterému za Heydricha zavraždili otce, bude o této tzv. historické pravdě
hovořit úplně jinak než sudetský Němec, jehož matka byla zabita při
vyhnání. To jsou prostě momenty, které vnikají do našeho pojetí
historické pravdy a měli bychom tudíž na ně brát ohled.

Druhý bod zamyšlení se týká obrazu, který si o sobě vytváříme. Zdali
jste si už všimli, jak silně se liší vlastní zobrazení sudetských Němců
a Čechů? Jaký obraz si o sobě vytvořili sudetští Němci? Jejich představa
je, že za první československé republiky byli neprávem začleněni do
tohoto státu a v něm tak dlouho znevýhodňováni, až jim nezbylo nic
jiného, než aby se opřeli o veliké Německo. Že pak je Češi vyhnali do
Německa, které bylo v troskách, že je tamní usedlíci vůbec neakcepto-
vali, že museli celé perné roky bojovat o svou existenci a že jsou až
dodnes okřikováni převážnou většinou německého celostátního tisku,
že jim nikdy nebylo dovoleno veřejně vyhlásit svůj smutek nad vyhná-
ním, že – sotva jen si na to chtějí vzpomenout – okamžitě je hází do

jednoho pytle s pravicovými radikály. Takový je ve stručnosti autoportrét sudetských Němců.

Jak ale vidí sudetské Němce Češi? Češi vidí v sudetských Němcích především prodlouženou ruku obrovské Německé Říše – toho velkého národa s ohromnou politickou a s ohromnou hospodářskou mocí. Češi vidí v sudetských Němcích iredentistickou skupinu, která zničila první československý stát tím, že se stala Hitlerovou pátou kolonou. Teď mají Češi dojem, že se k nim chtějí vrátit tito lidé, právě tato národnostní skupina, jíž se v posledních čtyřiceti letech dařilo na Západě až příliš dobře. Je zřejmé, jak se oba obrazy liší, ale domnívám se, že podobně tomu bude i s obrazy Čechů. Jaký obraz si o sobě vytvořili Češi a jaký sudetští Němci o Češích? To nehodlám již dále rozvádět, ale chci upozornit na to, jakým způsobem je třeba přemýšlet, chceme-li aspoň částečně pochopit složitost vztahů mezi sudetskými Němci a Čechy.

Konstatuji, že na obou stranách neexistuje schopnost vymanit se z pocitu ukřivdění. A v této neschopnosti vidím důvod, proč obě strany reagují tak přecitlivěle. Kromě jiného bylo nutno vynaložit veškeré diplomatické úsilí, když se v Mnichově sešel F. Neubauer s M. Čalfou. Lidé, kteří přece jinak byli po léta činní v politice, viděli totiž v okolnostech tohoto setkání vyhlášení bankrotu. Domnívám se, že tato neschopnost vymanit se z pocitu ukřivdění, vede také k tomu, že nedovedeme pochopit a uchopit šanci, která se pro nás v tomto roce skutečně objevila, jak dnes řekl pan R. Hilf.

Jsme příliš svázáni s minulostí, takže jsme opomenuli připravit projekty, jak bychom se mohli teď – v úplně změněné současnosti – znovu setkat. Z tohoto důvodu vítám otázky, které tu včera dopoledne položil pan J. Loužil, protože jsou přesně mířeny. Jako kdo se chtějí dnes sudetští Němci vrátit do Československa? S jakým sebeurčením a do jakého státu – viděno jejich sebeurčením? Připojil bych k tomu ještě jeden bod: Jak si představují svůj příchod? Jako jednotlivci nebo jako národnostní skupina? To je totiž také zcela rozhodující otázka. Nejsou o tom žádné představy a musí se o tom hovořit a zase hovořit. O tom je třeba jednat na všech úrovních, také na politické úrovni, stejně tak jako na církevní nebo kulturní.

Walter Piverka

O problémech Němců a sudetských Němců bylo už vyřčeno mnohé. Chci k tomu dodat, že v době, kdy se pracovalo na smlouvě, jsem se ještě jako poslanec zúčastnil mnoha rozhovorů, kde se vždycky znovu ukázalo to, co i dnes dopoledne, že i když vlastně mluvíme o poměru Němců a Čechů, vždycky se dostáváme k otázce sudetských Němců a Čechů. V této zemi je to skutečně určité trauma, které je nutno překonat, ať bychom to chtěli smést se stolu, nebo pro to najít společnou řeč. Bylo by asi dobré říci, že vedle vyhnaných sudetských Němců existují také sudetští Němci, kteří v této zemi zůstali. A asi bude dobré říci též, že i pro tyto lidi, jichž po válce bylo 350 000, tu existovalo vyhnání – a to tzv. vnitřní vyhnání. Když jsme už před časem vysílali v televizi naši velkou výzvu ke všem našim německým spoluobčanům, museli jsme konstatovat, že se nám hlásí občané z oblastí, kde dříve žádní Němci nebyli. Je to důkazem toho, že vnitřní vyhnání také existovalo. Chtěl bych jen krátce připomenout křížovou cestu těchto občanů, kteří na počátku nebyli občany tohoto státu, protože o státní občanství přišli. Po válce v roce 1947 byl na přechodnou dobu proces vyhnání přerušen, protože Německo bylo přeplněno. Pak přišel puč v únoru 1948, takže už nebylo nutné pokračovat a lidé zde zůstali jako pracovní síly. To ale neznamená, že už byli uznáni jako plnoprávní občané – naopak. Byli i nadále posuzováni jako Němci, to jest jako ti, kteří prohráli válku a pomáhali zničit Československo. A stali se ještě jednou trestuhodnými, protože prakticky každý z nich měl někoho příbuzného na Západě. To bylo důvodem, že se na ně nehledělo dobře. V roce 1960 bylo Československo „povýšeno" na socialistickou republiku, ale v ústavě nebyla zmínka o německé menšině. V úvodu k této ústavě totiž stálo, že problém německé menšiny byl provždy vyřešen postupimskou dohodou. A tak začala nucená asimilace. Jednotlivé skupiny, které se v oblastech znovu začaly vytvářet, byly rozpuštěny s poukazem na to, že mají příliš nízkou socialistickou úroveň.

V roce 1968 se dostala německá národní skupina znovu do ústavy, ale po ústavním zákonu nepřišel žádný jiný zákon, který by stanovil nebo posílil její právo. V tomto období byl také založen Kulturní svaz občanů německé národnosti. Byl jsem spoluzakladatelem. A po roce 1968, tj. po okupaci a v průběhu „normalizace" šlo zase všechno nazpátek. Také Kulturní svaz byl „normalizován", tj. do čela přišli funkcionáři držící se normalizační linie.

V roce 1989 vznikla při Občanském fóru Německá sekce a v roce 1990 vznikl také nový svaz – Svaz Němců v Československu. Je to tedy tak, že příslušníci této národnostní skupiny, tedy zdejší Němci, dostali zpět nejpozději v roce 1953 státní příslušnost a museli ji přijmout. Nemohli ale vznést žádné nároky na majetek – a to jsou také otázky, které zůstaly dodnes otevřené. Po roce 1990 se Svaz Němců pokusil iniciovat vznik dalších regionálních společností. V roce 1991 vznikla centrální organizace Svazu Němců v Československu. Protože ale jeden ze spolků – Kulturní svaz – nechtěl spolupracovat, založili jsme Pracovní společnost německých svazů, kam mohou vstoupit všechna samostatná sdružení a spolky. V užším kruhu jsme se sešli 4. a 5. září a přijali některá usnesení, především nutnost předložit společný rozpočet, pokračovat v plnění úkolů a založit zemský svaz, tj. zastoupení těch Němců, kteří jsou v této zemi, a to podle klíče z posledního sčítání lidu, které proběhlo v roce 1991. My víme, že sčítání neodpovídá skutečnosti, že počet občanů německého původu je mnohem větší, domníváme se, že až dvojnásobný. Podle sčítání lidu je počet německých občanů 53 000.

Před více než týdnem jsme zde v Liberci uvedli v život zakládající Zemské shromáždění a chceme jako zástupci skupiny německého lidu v této zemi napomáhat spolupráci s občany žijícími v této zemi. Protože my se cítíme být občany této země a jsem přesvědčen, že můžeme pomáhat jako „stavitelé mostů". Přednĕ jazykovou znalostí, protože většina z nás dnes češtinu ovládá, dále i znalostí této země a její mentality. To chceme vložit do spolupráce pro překonání minulosti, společnou vůlí a pro společnou budoucnost.

Uprostřed Walter Piverka, mluvčí Shromáždění Němců z Čech, Moravy a Slezska.

In der Mitte: Walter Piverka, Sprecher der Landesversammlung der Deutschen in Böhmen, Mähren und Schlesien.

151

Otto Paleczek

Chci se ještě krátce vrátit k tomu, co řekl generální sekretář Ackermann–Gemeinde pan Olbert: „Musíme posílit pozitivní síly.“ Chci promluvit o pocitu, který nás, sudetské Němce žijící v Německu, tíží. Jak víte, existuje 80 milionů Němců a z nich jsou 3 miliony sudetští Němci. Domnívám se, že my zde – Češi a sudetští Němci – máme společný problém. Z oněch 80 milionů Němců, řeknu to tentokrát tvrdě, většina neví vůbec nic o situaci, o problémech a o hospodářských těžkostech a starostech v této zemi. Je to velký problém. My jsme se vždycky pokoušeli vstřícně působit, vysvětlovat, něco udělat, ale uvedu příklad, který mne trochu zarmoutil. Minulý týden vyšla v Kölner Kirchenzeitung zpráva o ekumenické skupině z Porýní, která se přes Sasko dostala sem do Liberce, a Jablonce. Vedli rozhovory v dobré vůli vytvořit pozitivní kontakty, dobrat se vzájemného porozumění. A v jejich zprávě v církevních novinách se člověk dočetl, že zde jednali s českými partnery, s baptisty atd. a nebylo tam ani slovo o tom, že zde dříve žilo mnoho Němců. Budu prostě citovat – „Ano, byly tady problémy, především rok 1938, když vpochodovalo německé vojsko, to bylo tenkrát těžké.“ Tečka – nic víc. A to stojí v největších německých církevních novinách s miliony čtenářů. To jsou tedy věci, které nás, kteří se s vámi cítí být sousedsky spojeni, poněkud zarmucuje a myslím, že bychom tu měli dojít k společnému předsevzetí. Dnes hovoříme o vztahu Němců a Čechů – tedy také všeobecně o německém národu a českém národu. Měli bychom hledat společné cesty v Německu, které je bezprostředním sousedem a bude jím pro Českou republiku stále víc. Měli bychom učinit vše, abychom německému národu společně vysvětlili situaci v této zemi. Domnívám se, že je to skutečně dost důležitý úkol, kterého bychom se společně měli ujmout.

P. Anton Otte

Rád bych učinil dvě poznámky – a to o dojmech, které jsem získal zde v Praze jako zástupce Ackermann–Gemeinde. Napadá mne následující: V kruzích expertů a řekl bych v určité sociální vrstvě si my sudetští Němci a Češi snad nemůžeme rozumět, ale můžeme spolu mluvit. Druhá otázka je sebevědomí široké veřejnosti. Domnívám se, že to se týká jak široké veřejnosti v Čechách a na Moravě, tak široké veřejnosti sudetských Němců. Zdá se mi, že v tom tkví problém, nebo obráceně – v tom vidím význam takového semináře a práce s veřejností vůbec.

Česká veřejnost nemá podle mého názoru ponětí, co znamená vyhnání pro Němce, obzvláště pro sudetské Němce. Je to něco, co bylo vnímáno jako ohrožení existence. Vyhnání jako takové, ať se souhlasem nebo bez souhlasu vítězných velmocí v Postupimi, je nelidským a ničím neospravedlnitelným opatřením, a to by mělo platit i v budoucnu. Problém sudetoněmecké veřejnosti tkví myslím v tom, že nechápe, nebo jen velmi málo chápe, co znamenal pro český národ Mnichov se svými následky. Sudetští Němci hovoří o tom, je-li mnichovská dohoda právoplatná. Je to téma, které myslím má pro Čechy podřadný význam. Mnichov je pro Čechy událost, která ohrozila jejich existenci, která vyvolala nebezpečí zničení celého českého etnika. V obou aspektech je těžká otázka spolupůsobení dnešních lidí. Domnívám se, že ještě žijí lidé, kteří se podíleli na té či oné akci. Domnívám se rovněž, jak o tom uvažuji a vyptávám se, že se na těchto akcích podíleli též sudetští Němci, to říkám jako ročník 39, tedy jako ten, o němž je možno říci, že s tím neměl nic společného. Zde myslím to bude těžké.

Ale my potřebujeme tuto otevřenost a musíme k ní dojít. Je myslím důležité, aby každá strana pro sebe začala zpytovat svědomí. Závěrem bych chtěl říci, že mám dojem, že na české straně se to daří lépe než na sudetoněmecké.

Hans Sehling

Dámy a pánové, jmenuji se Sehling, jsem profesorem hospodářství na univerzitě v Mnichově a jsem personálním šéfem ministerstva práce. Zítra budu v diskusi zastupovat bavorskou vládu, ale dnes jsem tu jako zástupce Sudetendeutsche Landsmannschaft. Chci srdečně poděkovat za pozvání. Jsem ale také od roku 1956 členem Ackermann–Gemeinde. K tomu hned dodám, že Ackermann–Gemeinde nebo jiné konfesní spolky nejsou soupeři, ale jde tu o jiný způsob myšlení. Zastupuji tu dnes našeho mluvčího pana F. Neubauera. O zastupování jsem se dozvěděl teprve předevčírem a nemohl jsem se dobře připravit. Přesto tu chci přednést několik poznámek.

Zastupuji stanovisko SL, pokud jsme jednotkou. My jsme ale spíše množinou, do níž patřím i já. Jsem si vědom, jakou roli tu dnes hraji – jsem-li tu za SL. Jak vypadají ti, kteří se každoročně srocují a pochodují? SL se považuje za zastoupení sudetoněmeckého etnika. Nejvyšší zvolené grémium, cosi jako parlament, je to celostátní (spolkové) shromáždění 85 členů z nových i starých zemí SRN. Dále sem patří 34 místních seskupení – Šumavané, Chebané, řada seskupení z měst a míst. Všichni společně pak máme mluvčího, který naši národnostní skupinu reprezentuje. Já jsem předseda tohoto parlamentu. Jak již bylo řečeno, jsme množinou seskupení a máme samozřejmě různé názory, ty ventilujeme a pak se pokoušíme je sjednotit.

Máme zhruba 130 000 členů. Při vyhnání nás byly 3 miliony a 800 000 přišlo do sovětské akupační zóny. Tehdy, v letech 1945–6 jsme byli atomizováni, tj. rozehnáni do všech krajů. Vlaky jedoucí přes hranice byly rozpojovány, aby nikdo nezůstal pohromadě.

Tak byly rozděleny i rodiny. Bylo to tvrdé, vyhnání je tvrdé. Dnes jsme částečně uznávanými občany Spolkové republiky, máme nejrůznější bydliště – zdůrazňuji ne domovy, protože domov, vlast je tam, kde ji člověk cítí. Jsme ubytováni v nových bydlištích. Hospodářsky, kulturně, politicky a společensky jsme rozděleni. Přesto jsme si zachovali svou identitu. To dokazují naše sudetoněmecké dny, každý rok o svatodušních svátcích. Konalo se jich už přes čtyřicet. Scházejí se nás statisíce. Množství akcí, které se konají po dlouhá léta skoro každý víkend, potvrzují tu mnohotvárnost. To je hlasování nohama, zde ukazujeme, že máme zvláštní sílu a že jsme věrni myšlenkám na vlast. Odkud se ta síla bere – psychologicky, sociologicky? Z našeho původu a z našeho dědictví. Naše národnostní skupina žije 47 let po nelidském vyhnanství. Hledáme možnost rozhovorů, takových jaké jsou zde – a proto tu jsme.

Pražská smlouva je různě hodnocena, jednou „Ano – ale", jednou „Ne – ale", nebo je přístup zamítavý. Podle mého soudu pražská smlouva zamžila naděje tím, že byly zamlčeny naše problémy a nebyly řešeny prostředky, které tato doba dává. Mohl to být krok k usmíření. Na druhé straně se ale ukázala snaha smést všechny naše záležitosti se stolu. Proto jsme velmi potěšeni, že nebyl učiněn konečný závěr a sudetoněmecká otázka je podle našeho názoru stále otevřena. To se přirozeně projevuje též v usnesení parlamentu SRN. Spolková vláda žádá, aby byly vedeny další rozhovory a bavorská vláda k tomu zaujala stanovisko. Nesouhlasila ve spolkové radě se smlouvou. Chtěla původně souhlasit, státní sekretář Böhm, který byl zde, řekl tři měsíce před hlasováním, že Bavorsko bude souhlasit jako všechny spolkové země. My, sudetští Němci, jsme byli trochu zklamáni, ale pak došlo na preambuli a to už bavorská vláda nemohla souhlasit. Posíláme výzvy spolkové vládě, oběma vládám a samozřejmě též české vládě. Jsme si vědomi toho, že česká vláda je nyní velmi zaměstnána jinými problémy, ale my čekáme na rozhovory. Česká republika, teď ještě ČSFR, chce stejně jako Slovenská republika do Evropy. Pražská smlouva slibuje naši pomoc, asociační dohody jsou připraveny a parafovány. Česká republika potřebuje a bude potřebovat Německo a také nás, sudetské Němce jako prostředníky. Většina z 80 milionů Němců neví skoro nic o zdejších poměrech a o problematice ČSFR. Česká republika nás potřebuje jako prostředníky do Německa. Vyloučení našich problémů nic nevyřeší a nepřivede nás ani krok dopředu.

Vyhnání je otevřené téma a myslím, že se s tím musíme nějak vypořádat. Dnes tu máme moderní pojem, mluví se o etnických čistkách v Bosně. A okamžitě se dívám s kolegou R. Hilfem zpět. V roce 1918 proběhlo první vyhnání Řeků Turky, smlouvou z Lausanne to bylo v roce 1923 označeno za výměnu obyvatelstva. Prezident E. Beneš se na to odvolával, když navrhoval provést také zde výměnu

155

obyvatelstva. Tím tu máme další vyhnání, etnickou čistku 1945 – naši. Dnes je rok 1992 a máme tu zase vyhánění. Kdo legalizuje vyhnání, etnické čistky má vinu na dalších vyhnáních. Náš státní sekretář se včera dotknul otázky vyhnání a označil je za nelidské. Dále řekl, že mezi Němci a Čechy, přesněji mezi sudetskými Němci a Čechy, jsou otevřené otázky. Tyto otevřené otázky nelze smést se stolu dějin, i ony mají své řešení.

V dnešní Prager Zeitung na přední stránkách najdete článek Sudetští Němci žádají kulatý stůl, to jest žádají rozhovory. Tato žádost byla při posledním zasedání parlamentu předána tisku. Potřebujeme kulatý stůl bez tabu. Naším cílem je znovuoživení vlasti. Vycházíme z mezinárodních právních zásad – práva na sebeurčení, práva na vlast, práva na návrat pro toho, kdo o to požádá, aniž by myslel na další vyhnání. Je nutno povědět, že nikdo nemusí mít vůbec strach, protože těch 40–45 let se nemůže vrátit. A k tomu samozřejmě přicházejí majetkové otázky. Můžeme si představit, že bychom z německé a české strany dali dohromady podíly na nadaci a s ní začali obnovu pohraničí. Tak by se pak mohlo mluvit o znovuoživení v zájmu jak Čechů, tak sudetských Němců. Václav Havel vyhnání označil za nemorální čin, to je přirozeně pro nás ještě málo, potřebujeme nějakou nápravu. Mluvilo se o lítosti, o nápravě prostředky, které doba umožňuje. Opakuji, které doba umožňuje. A tu mohu znovu citovat řeč našeho státního sekretáře. „V poměru Čechů a Němců nejde jen o poškození ekonomické, nejen o porušení práva na vlast, ale také o porušení právního citu a zranění duše."

V této souvislosti lze samozřejmě diskutovat řadu otázek, Benešovy dekrety, konfiskaci majetku v roce 1945, ale také amnestii v roce 1946, odpouštějící předchozí rány. Bylo by třeba požádat historickou komisi o zintenzivnění její práce, aniž bychom tím omezovali její vědeckou nezávislost. Měli bychom urychlit utvoření pracovních komisí pro zintenzivnění kulturní spolupráce na obou stranách hranic, jak to předpokládá č. 13 pražské smlouvy. Je to už mnoho věcí – počínaje oblastí školství až k výměně školáků a učitelů. Máme porozumění pro dnešní problémy české strany. A vlastně máme pocit, že česká strana se nemusí bát germanizace a německé hospodářské převahy, jak čteme v českých novinách.

Ekonomické zákony, říká ekonom, platí stejně jako zákon o zemské přitažlivosti. Nemůžeme je odstranit, musíme s nimi žít.

Historická pravda a právo mohou být základem k usmíření. Böhm řekl, cituji „Tyto další kroky k zrovnoprávnění musí být mírové, ve

156

vzájemném porozumění, v souladu s právy národů a státním právem. To jsou kroky, které si přejeme." Chtěl bych se obrátit na pana Houžvičku, který provedl sociologický průzkum pohraničí. Jsem tady trochu ve zvláštní situaci – jako přes 40 let postižený. Jsem dalek toho, abych měl škodolibou radost, že by tu musel sedět někdo jiný, aby řekl: „Tak, 40 let to bylo na nás a teď je to na vás." To tedy od počátku odmítám. Slyšel jsem o strachu mezi pohraničním obyvatelstvem, že porušené sebevědomí je sociologickým jevem. Srovnávám to s naší poválečnou dobou, kdy jsme byli v Německu, jak jsme se museli protloukat, jak jsme se pak mohli sociálně a ekonomicky začleňovat, získávat zaměstnání, protože nás ani tam neviděli rádi a měli jsme plné ruce práce. Naše srdce bylo přitom pořád ve vlasti a je tam až dosud. Ale mezitím jsme se museli stát trochu nezávislými. Mluvíte o pocitech viny, které se objevily a tu mám první otázku. Jmenoval jste dva letopočty – 1945 a 1948. Máte teď pocit viny za 1948, kdy vypukl komunizmus, nebo tu byly pocity viny už v roce 1945, když jsme byli vyhnáni? To by pro mne byla velmi zajímavá otázka. Dále jste řekl, že je to tu podrážděná atmosféra, že jsou tu Neubauerovy požadavky. Viděl jste už Neubauerovy požadavky? Co obyvatelstvo ví o Neubauerových požadavcích? Nechá tu někdo F. Neubauera mluvit? To, že tady dnes mohu sedět, to je přímo zázrak a já mám radost, že se dostávám do dialogu. Ale 40 let nám nikdo nenaslouchal, sudetští Němci byli revanšisti, chtěli vyhlazování. Jistě, to byla komunistická propaganda a ta už skončila, ale měli byste také rozumět naší situaci. Neubauerovy požadavky – je tu dnes představován jako zločinec – já znám F. Neubauera, vídám ho denně a nevím, proč by měl klást nějaké nerealistické požadavky? Naopak požadavky, které musí být po vzájemné dohodě upraveny, které by byly k užitku oběma stranám. A když tu mluvíte o masovém majetkovém vyrovnání – vytáhněte nahému něco z kapsy! Myslím, že ty myšlenky je třeba vidět realisticky. Včera jsem opakoval: buď budou dané prostředky nebo stačí jen morální satisfakce? Ano, o tom se musí hovořit, my jsme o tom dosud nemluvili a proto je strach na obou stranách. Apel na naši trpělivost – samozřejmě, my jsme doposavad měli trpělivost, měli jsme ji 45 let, ale teď už přichází čas mluvit, protože tady dochází k procesům – jsou tu volby, jsou tu fámy, u nás jsou volby, u nás jsou v oběhu fámy – jenom naši stabilizovanou demokracii nechce nikdo svrhnout. Tady je situace jiná, to nahlížím, my máme trpělivost, ale musíme sppolu hovořit. Musíme společně jednat a vy musíte nahlédnout, že teď po 45 letech nadešel čas, kdy spolu můžeme konečně hovořit – a kdy vy nemůžete říci, buď zticha – když jsme až dosud spolu nemohli hovořit.

O tom všem, o návratu by se určitě měl konat seminář, tady se nabízí mnoho nejrůznějších možností k užitku oběma stranám. A ty musíme najít.

Reinhold Macho

Rozdíly Východ – Západ v ekonomickém smyslu slova se všemi průvodními jevy, které teď v pohraničních oblastech prožíváme, ale také proces sjednocování Evropy a současná funkce našich pohraničních regionů – to vše nás vede k spolupráci. Oblasti, které byly na jedné či druhé straně hranic, byly po čtyřicet let svými vládami macešsky zanedbávány. Určitě víc na české než na německé straně. Nám na německé straně se podařilo na základě různých faktorů náš region rozvinout víc než jiné pohraniční oblasti. Přesto se ale řada ukazatelů odchyluje od ukazatelů ve vnitrozemí. Je to např. objem hrubé výroby, úroveň platů a mezd. A nyní tyto oblasti prožívají takovou dopravní záplavu, že je to téměř nepředstavitelné. Ukážu to na příkladu našeho města Furth im Waldu. Roku 1990 jsme napočítali 89 000 automobilů, které přejely hranice. Za dva roky jsou to už 2,3 miliony vozidel, které se protahují malým městem. A k nim je nutno připočítat ještě 260 000 nákladních aut. Tyto oblasti teď také prožívají vlnu kriminality se všemi výstřelky, proto soudím, že v nejvlastnějším zájmu obyvatel všech obcí pohraničních regionů je, snažit se společným úsilím zabránit degeneraci oblastí v tranzitní prostor se všemi negativními vlastnostmi. Naštěstí je tu řada slibných podnětů, o nichž už dnes můžeme jednat.

Stanislav Tillich

Nejprve chci srdečně poděkovat za pozvání na tento seminář. Jsem poslancem Evropského parlamentu za Sasko a CDU. Nechci ale mluvit o tom, co si předsevzal svobodný stát Sasko pro spolupráci s Českou republikou. O tom dnes bude hovořit zástupce Saska. Chci hovořit více ze stanoviska poslance a hodnotit především práci Euroregionu Nisa – samozřejmě z hlediska evropské politiky, jak se dnes vytváří.

Patřím k mladší generaci, takže jsem se za těch 33 let, jak jsem stár, v rámci socialistického vzdělávacího systému NDR o dějinách sudetských Němců prakticky nic nedozvěděl. To byla látka, o níž se vůbec nemluvilo, nebo jen zřídka, či podle osobního názoru učitele. To podstatně předznamenalo dnešní chování většiny veřejnosi v Sasku a také i politiku země. Po politickém zvratu v roce 1989 jsme spadli do množství problémů sociálního a ekonomického charakteru. My musíme nejprve zvládnout tyto problémy, takže toho času Svobodný stát Sasko nedává ani podněty k historiografii, aby se připravily pravdivé dějiny sudetských Němců.

Po roce 1989 jsme konstituovali na rozhodný tlak občanů Dolního Slezska v této hraniční oblasti Kuratorium Dolního Slezska. Vytvoření tohoto Kuratoria vedlo k všeobecnému zmatku – a já připisuji tento zmatek zcela prostě falešné informační politice posledních let. Tím vzpomínám na všechny své politické činnosti (jsem činný v politice od roku 1989) a chci zdůraznit, že podle mého názoru a po malém odstupu jen tří let musím prostě konstatovat, že je to velmi smutná historie z bývalé NDR. Chtěli zamlčet skutečnosti, které se zamlčet nedají, protože se udály. Nyní k Euroregionu Nisa. Je to instituce, která vznikla z iniciativy dnešního saského ministra vnitra Eckharda. Už nevím, kdo byl iniciátorem z české strany, ale vím, že na prvním setkání byl dnešní ministr vnitra P. Čermák. Tito dva pánové jsou podle mého názoru zakladateli Euroregionu Nisa, kterému se zpočátku říkalo cíp tří sekcí. Rozvinula s komunálně politická spolupráce, která vznikla jednoduše z potřeby komunálních politiků, řešit společně problémy, které je zaměstnávaly. Evropské společenství o tomto regionu nemluví jako o euroregionu, ale jako o „černém trojúhelníku". To je ostatně typické pro tuto část země, v níž se dnes také nacházíme.

Na poslední konferenci o ochraně životního prostředí v Žitavě bylo řečeno, že je to oblast, která je asi nejvíce v celé Evropě postižena množstvím CO_2, oxidu dusíku a prachu. Z toho plynou samozřejmě mnohé problémy, které můžeme vyřešit jedině společně. Je důležité, že se jich společně ujímáme a už se objevují první náběhy v komunální politice, zvláště v oblasti ekonomie, ochrany životního prostředí, ale též i v oblasti kultury a infrastruktury. To, že počáteční nadšení bylo větší než možnosti realizace, na to už bylo poukázáno. Obce u nás nedisponují tak velkými prostředky, aby mohly převzít závazky, jejichž důležitost snad překračuje hranice. Na druhé straně samo německé zákonodárství to nepřipouští. Takže musíme prostě začínat na vybraných místech, např. tak, že se dohodneme, které hraniční přechody bychom chtěli otevřít a pak vyvíjíme společný tlak na zemské politiky. Nebo si promyslíme, která silniční spojení jsou nejdůležitější, nebo která nejvíce prospějí rozvoji regionu, a která bychom měli prosazovat. Nechci tu zamlčet, že spolupráce s českou stranou je sama o sobě velmi dobrá, ale spolupráce s polskou stranou přináší stále problémy. Ústřední polská vláda nemá zájem, aby se posílila oblast, kde převažují německy mluvící Slezané. Zdá se, že ústřední polská vláda cítí potřebu hovořit za všechny obyvatele Polska. Podle mne se takový problém zde v severních Čechách nevyskytuje. Ale zásadně, jak jsme často zažili, existuje i v Československu. (Ano, úmyslně mluvím o Československu). Mnozí lidé žijící ve vnitrozemí, sledují s určitou závistí, že lidé v pohraničních oblastech mohou užívat výhod malého pohraničního styku. Když pak my, kteří jsme se vlastně chtěli pokusit o odstranění sociálních rozdílů tím, že bezprostředně podporujeme naše sousedy za hranicí, pak to někteří lidé sledují s nelibostí. V zásadě lidé závidí to, co je za hranicí, a v tom vidíme my v Sasku náš zvláštní závazek. Díky sjednocení Německa se nám podařilo, že se podílíme na německém blahobytu. Poslední roky jsme měli společný vývoj ve znamení socializmu a komunizmu a to nás ještě víc povzbuzuje, abychom podporovali své sousedy ať za českou, nebo za polskou hranicí. Nechceme vyvolávat dojem všemocného Goliáše, ale chceme být skutečnými partnery.

Ještě tři věty k Evropskému společenství. ES podporuje nebo hodlá podporovat spolupráci mezi státy ES a východoevropskými státy. Existuje program Intereck (Interúhelník) a pro rok 1993 je vybrán východní

Interúhelník, který dosahuje od Řecka až k Ostsee, ale nemá finanční zajištění takové, jak by určitě bylo nutné. Rozpočet na rok 1993 počítá se sumou 30 miliónů ECU, tedy asi 60 miliony marek. Tato spolupráce se omezuje na uskutečňování plánů komunální politiky jako např. jsou hraniční přechody, mosty, silniční spojení, ale též čističky na 10 km širokém pruhu podél hranic.

Před asi dvěma měsíci jsme projednávali v Evropském parlamentu asociační dohody s Československem, Polskem a Maďarskem. Rozhodnutím Evropského parlamentu asociační dohoda s Československem platí až do dne, kdy se uskuteční rozdělení České a Slovenské části republiky. Není žádné závazné usnesení o době, kdy se zeptáme vlastních iniciátorů tohoto vývoje, jak se bude pokračovat dále. Zda se smlouva bude znovu projednávat, nebo zda se vezme za základ už existující smlouva a bude jen akceptováno rozdělení ČSFR.

Křesťansko–demokratická frakce Evropského parlamentu založila před dvěma měsíci pracovní skupinu, která se obírá zvláště východní a střední Evropou a já jsem předevčírem na zasedání inicioval, abychom se na příští schůzi věnovali právě těmto asociačním dohodám, protože máme signály i oficiální potvrzení toho, že Česká a Slovenská republika – tedy její představitelé V. Klaus a V. Mečiar – se dohodli o rozdělení. Takže v tomto směru se splnily předpoklady, které byly stanoveny. Jsem toho názoru, že my, kteří teď o tom v západní Evropě mluvíme a říkáme, že jsme vlastně pro Evropu otevřeni, neměli bychom jen vypouštět prázdná slova, ale měly by následovat praktické činy, abychom přinejmenším pro Čechy i Slováky vytvořili možnost podílet se na tomto vývoji. Myslím, že je to i úmyslem Čechů a Slováků, aby získali co nejrychlejší spojení s ES a participovali na něm.

Franz Olbert

Chtěl bych něco povědět k otázkám, které se objevily v diskusi. Především si myslím, a to se týká toho, co bylo předtím řečeno, že je politováníhodné, když veřejnost slyší jen extremistické názory. Pak vzniká dojem, že extrémisté hovoří za všechny. Soudím, že bychom měli společně žádat a prosazovat, aby síly středu, které usilují o vyrovnání, byly představeny široké veřejnosti. Jsem pevně přesvědčen o tom, že tyto síly jsou daleko větší a že proti extrémistům bude třeba postavit počet hlasů.

Tím, že se veřejnost dozvídá především o extrémních názorech, vzniká dojem, že takoví jsou Češi a takoví jsou Němci. My se musíme zbavit paušálních soudů a předsudků.

V původní příloze k německo–české dohodě se na prvním místě hovoří o právu na vlast, že to má být předmětem smlouvy. Chci připomenout, že prezident V. Havel nabídl vládě SRN, že sudetští Němci, kteří by si to přáli, mohou získat české státní občanství. Myslím, že v diskusi bychom se měli vrátit k tomuto návrhu, který jednu dobu přicházel vážně v úvahu. Až bude česká vláda členem Evropského společenství, pak nastane v tomto ohledu tak jako tak mnohem větší volnost a problém bude zásadně vyřešen. Myslím si ale, že by to mohl být velmi podstatný přínos k uvolnění napětí a důležitý signál, když se možností získat české státní občanství dává sudetským Němcům přednostní právo k usídlení. To není jen otázka české vlády, ale také německé vlády, protože tu jde o dvojí státní občanství.

To, co bych chtěl uvést dále je otázka návratu sudetských Němců, která je spojena s mnoha falešnými, emocionálními předsudky. Mám dojem, když hovořím s našimi krajany, že tu nejde ani tak příliš o konkrétní návrat ve smyslu přesídlení, vlastně jde víc o to, aby bylo uznáno jejich právo na vlast a právo říkat zde – to je moje vlast.

Chci se ještě vrátit k tomu, co říkal páter Malý, který hovořil o významu sebevědomí. Myslím, že chce-li se dostat Česká republika a vůbec východní Evropani do Evropy, měli by tam něco přinést, a sice to, čeho jsme si v létech rozdělení velice vážili, a co se na Západě už téměř ztratilo. Více lidskosti a vědomí základních hodnot, aby Evropa nebyla jen technokratickou, ale také lidskou. Aby to byla Evropa, v níž stojí za to žít, dobře lidsky žít. Měli byste se pokusit o tento přínos, abyste se nestali jako my tak rychle technokraty, ale abyste do Evropy přinesli humanitu, které jsme si vždycky velmi vážili.

Zleva: Páter Anton Otte, pražský zástupce Ackermann-Gemeinde, P. Václav Malý, Franz Olbert, generální sekretář Ackermann Gemeinde.

Von links: Pfarrer Anton Otte, Prager Vertreter der Ackermann-Gemeinde, Pfarrer Václav Malý, Franz Olbert, Generalsekretär der Ackermann-Gemeinde.

Hans Sehling

Jsem pověřen bavorským úřadem předsednictva vlády přednést zde i poznámky k tématu z hlediska Bavorska. Žít jako dobří sousedé, není vždycky jednoduché. Bavorsko a Češi jsou sousedy po staletí. Každý ví, že byly doby dobré a špatné. Po katastrofě v polovině století, až teď po pádu železné opony a po pádu komunizmu v roce 1989 máte šanci znovu poznávat sousedství a znovu je oživit. Po otevření hranic se rozvinula živá výměna mezi Němci a Čechy v oblasti kulturní, hospodářské a vědecké. Lidé obou národů se scházejí, hovoří spolu, aby vybudovali dobré sousedství. Domnívám se, že to všechno bylo důležitým předpokladem k tomu, že vznikly také formální dohody a spolupráce mezi vládami. V červnu 1990 uzavřelo Bavorsko dohodu o intenzívní a zesílené spolupráci ve všech oblastech. Byly zřízeny bavorsko–české skupiny, které mají iniciovat a koordinovat všechny aktivity státních správ mezi vládami Bavorska a České republiky. Smlouva o dobrém přátelství a partnerství mezi SRN a ČSFR, která vstoupila v platnost před několika týdny, zařadila do soustavy různorodých spojení obou států též spolupráci na regionální úrovni. Chtěl bych tu pohovořit o několika konkrétních oblastech bavorsko–české spolupráce.

Téměř každý týden dlí v Bavorsku nějaká delegace z České republiky – vysoce postavení politikové nebo státní úředníci. Informují se tu o nejrůznějších oblastech jako např. o samosprávě obcí, o tvorbě rozpočtu, o práci nejvyšší úřední kontroly, o činnosti finančních úřadů nebo o vzdělávání právníků a učitelů. Střídají se dlouhodobé pobyty a krátké informativní návštěvy. Všechno to slouží k posílení a stabilizaci demokratického vývoje v Československu, a tím i stabilitě našich sousedských vztahů.

Školení českých odborných a vedoucích pracovníků, které probíhá v Ost–West–Managementzentru, financuje bavorské ministerstvo hospodářství, a tím posiluje vznik struktur tržního hospodářství. Při obrovských nákladech, jichž je k tomu potřeba, ovšem doufáme, že se mezi podniky v Bavorsku a podniky v České republice vyvinou kontakty, které trvale oživí obchod mezi oběma zeměmi.

Ochrana životního prostředí je rovněž jeden z nejvýznamnějších problémů. Vzduch, jak známo nerespektuje hranice a je-li na jedné straně hranice zvláště silná inverze, pak sirným zápachem musí trpět i sousedi na druhé straně hranice. Víme, že se jedná o nesmírné znečištění vzduchu (především v severních a západních Čechách) – o dědictví čtyřicetiletého komunistického „hospodaření". Připravujeme společná měření imisí, společné hodnoty pro smogový poplach a technické předpoklady k omezení škodlivin ve vzduchu, které vypouštějí elektrárny.

Jmenoval jsem tři oblasti spolupráce, samozřejmě jich existuje ještě velké množství. Jedná se o společné projekty nejrůznějších resortů. Sem patří především otázky dopravy a zřízení nových hraničních přechodů. Poukázal bych na dálnici Norimberk, Waidhaus, Plzeň, Praha. Ale myslím také na ropovod Ingolstadt–Waidhaus–Praha, kde z bavorské strany při posuzování jeho trasy hrají důležitou roli zákony na ochranu přírody a životního prostředí.

Také tady se ukazuje, jak je důležité, aby vědecko–technický pokrok byl uveden do souladu s ochranou životního prostředí.

Ke spolupráci mezi regionem Svobodného státu Bavorsko a vládou České republiky se připravuje nově se vyvíjející regionální spolupráce bezprostředně při hranicích. Bavorsko vidí v tomto spojení regionální spolupráce v jednom zeměpisně přehledném kraji spojovací článek mezi Bavorskem a Českou republikou.

Kultura a tradice už daly vznik pocitu určité sounáležitosti. Tato spolupráce musí vyrůstat odzdola, má-li být efektivní, a musí být prostoupena porozuměním. Smysluplná, hanice překračující spolupráce, je odsouzena k ztroskotání, má-li partner pocit, že není rovnoprávný a že je přehlasován.

Dámy a pánové, Bavorsko a Česká republika ležely po čtyřicet let na švu železné opony, na téměř neproniknutelné linii, která dělila střed Evropy. Dnes jsme povoláni k tomu, abychom tuto dělící linii překonali, a abychom odstranili hluboké stopy, které zanechala jak v ekonomické, tak i duchovní oblasti. To je velká a důležitá úloha pro politiku, v níž musíme všichni obstát. Odpřísáhnout dobré sousedství je velmi důležité, ale prosadit je ve skutečnosti, to je velká výzva, před níž my všichni stojíme. Přede mnou leží soupis konkrétních projektů, je jich celkem 58. Nechci ani nemohu vám je jednotlivě představovat. Zahrnují oblasti ekonomické, národohospodářské, oblasti lesního hospodářství, ochrany životního prostředí, regionálního plánování, cestovního ruchu, stavebnictví, oblast bezpečnosti, financí, justice, kultury, vzdělávání, zdravotnictví, otázky práce a sociální záležitosti. Soupis 58 projektů, jejichž problémovou strukturu jsem teď uvedl, obsahuje partnery v České republice, partnery ve Svobodném státě Bavorsko a obsahuje i údaje jak pokročilo jejich provádění. Seznámím vás s příkladem z oblasti hospodářské, ačkoli vím, že pro vás je zajímavější oblast kultury a vzdělávání, hospodářství nám všem možná není tak blízké, ale právě proto chci o tom mluvit. Jinak vám mohu podle vašich přání podat i jiné informace o všech jednotlivostech.

Jde o spojení českých rafinérií v Kralupech a Litvínově se středoevropským ropovodem firmy TAL Ingolstadt. Také česká strana je na tom zainteresována a projekt provádí z české strany ministerstvo průmyslu a obchodu a z bavorské strany bavorský úřad předsednictva vlády, státní ministerstvo pro hospodářství a dopravu, státní ministerstvo práce a sociálních věcí, státní ministerstvo vnitra, státní ministerstvo pro rozvoj země a životního prostředí. A dovolím si ještě sdělit dnešní stav prací, abychom viděli zcela konkrétně, jak se provádí takový projekt na návrh firmy Chemopetrol – ropovod s. r. o., podniku České republiky – tedy návrh České republiky.

Zahájení územního řízení pro bavorskou část ropovodu proběhlo 17. 1. 1992 u vlády Horní Falce slyšením zúčastněných stran a dalšími podklady pro projekt. U nás je to ochrana životního prostředí a ochrana přírody, které jsou velmi přísné a dovedu si představit, že zde v České republice nebude tolik překážek jako u nás. Pak byly vyžádány podklady pro bezpečnostní opatření a dvě nové alternativní trasy. Územní řízení skončí koncem roku 1992. Územní řízení na české straně již skončilo, zde bylo méně odporu. Pak bude zahájeno bavorské schvalovací řízení – počátkem roku 1993 s předpokládaným ukončením počátkem r. 1944. Stavební práce začnou v roce 1994 a ropovod má být dán do provozu v roce 1995. Pak nebudete závislí na jiných dodávkách. To byl jeden z příkladů, takových mohu uvést ochotně více, budete-li si přát.

Marie–Anne Steffke

Chtěla bych se přihlásit k tomu, co řekl pan Sehling. Není známo, že od roku 1949, přes Chartu 1950 až k posledním prohlášením pana F. Neubauera se Sudetendeutschen Landsmannschaft stále opakuje: my nechceme žádné nové vyhánění, tj. my nechceme vyhnat nikoho, kdo se už tam usadil, který tam už vidí svou vlast. Zdá se, že o tom zdejší obyvatelé nevědí. Jsem také toho názoru, že to musí pak být ty nejzávažnější problémy, o nichž se mluví. Chtěla bych vás seznámit se svou představou, jak bych se mohla vrátit do své vlasti. Nevím, zda bych šla, ale dovedu si to představit. Nikoho bych tím nevyháněla – kdybych šla na dvůr svých předků. Možnosti dnešní techniky i v zemědělství jsou takové, že můžete jezdit stovky kilometrů, abyste obhospodařovali své pozemky. To je teď vidět v nových spolkových zemích, kam jezdí např. bavorští sedláci obhospodařovat své pozemky v Meklenbursku nebo Braniborsku.

Bylo by tedy docela dobře myslitelné – říkám to jako příklad –, že by moje rodina, já možná také, dostali zpátky zemědělskou půdu, protože ta nepatří soukromníkovi, ale je státním majetkem, takže bychom nikoho nevyháněli. To, co bychom nahospodařili tam, kde bychom znovu pracovali na polích, to si přece nevezmeme v batohu zpátky do Německa, to zůstane v této zemi a bude jí zase k užitku, bude-li půda řádně obhospodařována.

To je zcela jednoduchý příklad, ale o těchto věcech se prostě musí mluvit. To jsou ty otázky. Já jsem sice včera řekla, že právo na vlast a návrat nejsou nic materialistického, ale ony jsou také. Takové podmínky musí být a budou obsahovat právo na vlast, že člověk, bude-li chtít, může se do vlasti vrátit, ale – jak jsem to i já řekla na zahajovacím večeru a jak to mohou říci všichni reprezentanti sudetských Němců, musí se to stát po přijatelné dohodě a bez vyhánění. To jsem chtěla ještě jednou opakovat.

Reinhold Macho

Dámy a pánové, s vaší pomocí se chci pokusit zformulovat výsledky dnešního dopoledne. Domnívám se, že můžeme konstatovat, že spolupráce překračující hranice a mající nejrůznější formy, může mít formu Euregionu či jiného pracovního společenství. Taková spolupráce je způsobilá odstraňovat předsudky, vyrovnávat rozdíly, které v ekonomickém smyslu známe. Může napomáhat evropskému sjednocovacímu procesu, což je důležité s ohledem na přidružení Československa nebo České a Slovenské republiky. A tato forma spolupráce je také způsobilá poskytovat pomoc např. obcím, obecním samosprávám a pomáhat při spolupráci příhraničních obcí.

Také druhý bod pokládám za důležitý. Spolupráce překračující hranice si žádá citlivost. Nechci opakovat čísla, která tu byla už řečena, dávám jen k zamyšlení, že každodenní praxe potvrzuje, že naši bezprostřední sousedé se necítí být jisti a zvláště německá strana by měla brát ohled na jejich citlivost. A naopak, jak jsme slyšeli z příspěvků prof. Sehlinga a paní Steffke, také sudetští Němci mají duši, která byla poraněna a také jejich city by měli Češi brát při našich rozhovorech v úvahu.

Měli bychom to snadnější, kdyby vlády v Mnichově, Drážďanech a v Praze tuto naši spolupráci podporovali víc než doposud. Myslím, že i to můžeme pokládat za výsledek.

Dále je zde myšlenka pana Šabaty, která se mi zdá být programová. Měli bychom společně vystoupit s požadavkem, aby vznikl „kulatý stůl". Můžeme tomu dát i jiné jméno, ale měli by se scházet ti, kteří jsou připraveni a schopni vést dialog; nejen ty mnohé obce, ale také politické strany. Dávám vám za pravdu, mnoho nám nepomůže, pokud je nezapojíme, protože ony nakonec rozhodují. Ale ještě jedno pokládám za důležité, musí se též zapojit sdělovací prostředky. Přítomní novináři ať mi prominou (byl jsem v této oblasti sám dlouho činný), my to vidíme denodenně, co všechno dovedou sdělovací prostředky rychle zničit. U vás jako u nás.

Děkuji i panu Sehlingovi za jeho zprávu z bavorského hlediska a chci zdůraznit heslo Učit se sousedství. Snad bychom někdy měli odejít od administrativních úkolů a víc se věnovat lidem. Moje kolegyně, paní Volerová, starostka Domažlic i já, každý den zjišťujeme, že po prvním nadšení už není tak snadné učit se sousedství. Prostě z toho důvodu, protože na obou stranách hranice jsou lidé, kterým to dělá potíže.

Obsah

Inhalt

ČEŠI A NĚMCI
věční sousedé

Obálku navrhl a graficky upravil Václav Jelínek
Odpovědná redaktorka dr. Eva Malířová
Do českého jazyka přeložil dr. Jindřich Schwippel
Do německého jazyka přeložila Beate Albert
Foto archiv

TSCHECHEN UND DEUTSCHE
ewige Nachbarn

Umschlag und graphische Gestaltung: Václav Jelínek
Verantwortliche Redakteurin: Dr. Eva Malířová
Übersetzung ins Tschechische: Dr. Jindřich Schwippel
Übersetzung ins Deutsche: Beate Albert
Foto: Archiv

---

1. vydání
Pro Nadaci Bernarda Bolzana vydalo nakladatelství
Prago Media v Praze roku 1993 jako svou 1. publikaci

Sazba a tisk: EKON Jihlava
Tematická skupina a podsk. 12/11

1855–001–93
ISBN 80–901533–0–5